阮大勇

一代畫師

阮大勇 口述

黃夏柏 筆錄

非凡出版

自序

承蒙　非凡出版為我推出第一本自傳式書本，感覺良好，亦很榮幸。因為我的學歷並不高，通過自學畫圖畫，憑這門手藝才能夠維持一家人的生活；是次有機會出版這本書，十分難得。

平生性格內向，交往的朋友不過五六個，移民到外國後，更少人知道我的消息。機緣巧合下，重遇好友周少康兄，他更教我學用「臉書」，才有途徑與外界接觸。繼之第一次參加畫展，包括兩次關於李小龍的集體展，之後又獲邀舉辦了兩次個人畫展，還有參與拍攝許思維導演的紀錄片《海報師：阮大勇的插畫藝術》……

回首往事，總感覺人生際遇是上天註定的，急不來，求不到，事事如此。

借此自序，謹向電影界、漫畫界同仁多年來的支持道謝，另外，亦要多謝各位同好者的批評、愛戴，以及黃夏柏為本書撰文；當然，更要感謝家人，特別是V的愛護。有生之年我定必用心學藝，希望能夠有所進步，於願已足。

阮大勇

二〇一八年六月

目錄

第一章

人生歷程

一、圍城少年的滬港因緣

2017 年秋，
阮大勇為左耳裝上了助聽器，
效果卻不如預期，
僅聊勝於無。

時年 76，身體機能難免退化，
猶幸精神健朗，聲線嘹亮，
記憶一點不遜，
與往昔無異的尚有那無爭的個性。
回溯人生歷程，
他不時吐露：
「我成世人都是被動的。」
細析下實為被動中的主動，
對待工作勤懇認真，
所謂被動，
只是甘於隨順而安，
不追名逐利。

大勇生於一九四一年四月一日，祖籍浙江慈谿市觀海衛，對那片土地他印象依稀：「一個小城，周圍築有城牆。」時值抗日戰爭，但幼童認知力有限，曾否經歷顛沛流離的逃難日子，他並無印象：「總之是沒有見過『日本仔』。」他懂事時，戰爭已結束。

祖宅壁牆亂塗鴉

出生前夕，姑母夜夢一隻蟾蜍從天而降，化作新生兒，於是為姪兒起名「晉蟾」，惟大勇父親嫌「虫」字旁不雅，故修訂為「政瞻」，兩組字的上海話讀音相近。族譜中他屬「大」字輩，父親添上「勇」字，成就了正式的名字，入讀小學後便一直沿用，幼童時期的各個名字都留在歲月長河。

小學是在祠堂上課的，周遭一切宛如民國初年，溢滿舊社會氣息。無憂的蒙童歲月，有這麼一幕景像：「懂得執筆後，我愛在房子的牆上、門上畫呀畫，畫滿公仔。或許是遺傳，因我父親寫得一手好字，也懂得畫畫。」

父親阮陽生曾隨當地著名書法家錢罕習字，優游過活，帶點落泊世家子的氣質。阮家曾是地主，惟早已家道中落，到大勇這一代，地已賣盡，僅餘的一家南貨店也竭業多時，更要省儉度日。祖母常苛責父親是「敗家仔」、「二世祖」。「他年輕時有餘蔭，從沒有認真做過事，可說糊裏糊塗的過了一生。」對父親他有此籠統的印象，但也承認：「父親是有藝術天分的。」

那時父親已遷居上海。五歲時，大勇乘着轎子，翻山越嶺，經寧波前往上海，隨父親生活，重新入讀小學一年級。父親是家中長子，他則是長子嫡孫，深得祖母疼惜，一九四九年，他被送回觀海衛讀書，以解祖母惦掛之苦。約於一九五一年，他又重返上海讀小學。時為解放後，家鄉一度流傳將清算舊地主，父親遂隻身南下香港謀生，「留下我在上海捱世界，與生母一起過活。」

獲拔尖入讀美術班

人生首階段，在城鄉之間幾番折騰，稚童沒有話事權，難免是被動的，隨着成長，他的被動個性初現端倪。一九五五年小學畢業後，他考進上海徐匯中學：「我向來沒有主意，聽同學說這是數一數二好的中學，我便跟大家去投考。」欠缺周全考慮所落的決定，得自吃苦果：家門與學校各位於城市一隅，南轅北轍，為省交通費，他每天須來回走四小時路上學。樂於隨順因緣，他亦享受每天走過風景怡人的衡山路，何況很喜歡這家學校。

校園生活愜意，純因與同學相處融洽，而非學業上有多大成就：「每天步行回家已很晚，我沒有做功課，翌日早上回學校抄同學的。我一向都不喜愛讀書。」他最愛的只有美術和體育科，中文科尚可接受，數理科絕對是一場煎熬。因愛畫畫，美術科全情投入，取得名列前茅的佳績，更獲老師「拔尖」，加入課餘額外開辦的美術班，作進階研習，譬如素描石膏像，僅幾位繪畫尖子能入選。

憑自學成才的大勇，沒跟過甚麼老師學藝，中學時期那位獨具慧眼、讓他進美術班的恩師，成為他迄今仍難忘的啟蒙者：「他是從解放軍復員回來的軍人，但有一天他突然失了蹤，據說被劃成右派。」

解放初年，政治氣氛尚且寬鬆，群眾仍戀慕西方的奢侈品，追捧美國貨外，香港人帶回來的玻璃絲襪、英納格錶也深受擁戴：「在上海人心目中，香港是個好地方。」課餘大勇愛聽越劇、京劇，閒來也愛讀連環畫和看電影。當時荷李活電影已絕跡，取而代之是蘇聯電影，當然，內地和香港的進步影片也不缺，他鍾愛周璇、趙丹演出的《馬路天使》，印象更深的則是印度電影《兩畝地》和《流浪者》，隔代回想仍由衷讚賞：「尤其是《流浪者》，當時很哄動，真是十分好看。」

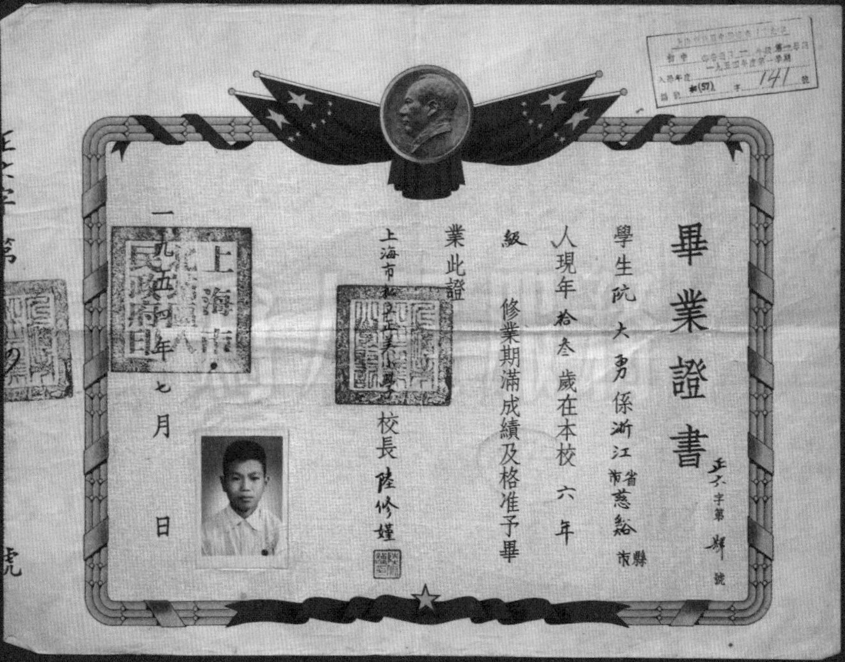

畢業證書

學生阮大勇係浙江省慈谿縣人現年拾叁歲在本校六年級修業期滿成績及格准予畢業此證

上海市私立正美小學 校長 陸修嫤

一九五四年七月 日

畢業証書

学生阮大勇是浙江省慈谿縣人，現年十六歲，在本校初中部三年級修業期滿，成績合格，准予畢業。此証。

上海市徐汇中学校長 楊士達

副校長 姚民定

1957年 月 日 徐初字141号

畢業證書：阮大勇畢業於上海市正美小學，並於徐匯中學完成初中。

（右起）大勇七歲、十三歲及十六歲時的留影。童年時代鮮少拍照，僅遺下這幾張老照片。

初中三年匆匆流走，成績欠佳的學子未能考進高中，前路茫茫。一雙手，最了得的技巧就是畫畫：「我有想過做畫家，但不知道怎樣才能做到！」既愛畫畫，能以繪畫謀生定然是美事。他曾細看路旁「畫相」攤檔檔主作業——把小照片依編格放大模式，繪畫成大照片；縱然講求精工細描，成品亦栩栩如生，卻非他的興趣所在，想像不到以此為業。

無所事事的日子，他想起在香港工作的父親，這次他大膽地下了影響終生的決定：南下香港試尋出路。父子分別在滬港兩地申請移居，一個月後兩邊都批准了。當時申請來香港並不容易，自覺相當幸運。

隻身南下香港謀生

一九五七年十一月，大勇與生母、好友道別，前往一個他聽說挺不錯，卻全然陌生的南方城市。他獨自乘火車南下，抵達廣州，在旅舍留宿一夜，翌日再經深圳到香港，步行過羅湖邊境，續乘火車直抵尖沙嘴總站。

人生路不熟，置身湧動的人群，他隨波逐流，走到火車站旁的天星碼頭，繼而登上渡海小輪，前赴對岸中環碼頭，逐步靠近目的地：北角月園街十九號二樓，那是父親在香港的住址。

乘渡輪抵達中環，步出碼頭，人潮漸散。他不諳廣東話，茫然不知去向：「當時我一身解放裝，拿着一件破行李，站在碼頭外，應該是很矚目的。」然後，穿唐裝衫褲的男子趨近，大勇遞上寫下地址的紙條：「這個人召來一輛的士，那時我是比較天真的，便跟對方乘車離去。」終究沒有押錯注碼，不旋踵便抵達北角。

那時父親已與生母離異，並在香港再婚。繼母下樓迎接大勇，並付了那男子廿塊錢酬勞。繼母首次與他見面，熱切的着他洗把臉，並吐露：「你父親去了接你車呀！」原來雙方都撲了個空。

大勇雖然來自大都會上海，但一身裝束仍覺土氣。是夜父親帶他到銅鑼灣置裝，更前往位處今天希慎廣場、由上海鞋業大王楊撫生開設的鶴鳴鞋帽商店，選購了一雙皮鞋，為踏足這殖民地都會作好準備。

這年大勇十六歲，雖然卸下解放裝，換上趨時的衣服，卻談不上是香港人。繼母甫見他便着他去讀夜校，磨練英語，對他而言，更貼身的語言問題是不懂聽和講粵語。當

約攝於一九六三年，年方廿二，
來港投身職場近五年，人亦成熟了不少。

與父親、繼母慶祝生辰，
約攝於一九六五年。

時滬上南下人士多聚居北角，但日常接觸的仍以廣東人為主，對粵語一竅不通，難融入生活。簡單如買一個橙，街外的小販攤檔沒有豎起價錢牌，必須對話，對個性羞澀的大勇也是難關。「起初來香港，我是完全不習慣的，又沒有朋友，曾想過不如返回上海。」

直至進入紗廠任職，與工友交往了幾個月，粵語能聽能講，才徹底打消離開的念頭，那時他真的成了香港人。今天他摯誠分享：「自幼講鄉下話，類近寧波話。到上海之後便講上海話，但帶濃重的寧波口音，即使讀書也講上海話，甚少講國語，所以到現在都講得不標準。對我來說，講廣東話是最自然的，習慣了，雖然不標準，有口音，但最容易，因為日日講。」

中學美術課的習作「鸚鵡」，於十四、五歲時繪畫。

二、荃灣紗廠蟄居的無畫歲月

1958年春，
大勇17歲，
由上海到香港亦已過半年。
這天他離開北角月園街的家門，
乘電車到灣仔碼頭，
再轉渡輪往九龍佐敦道碼頭，
上船後轉搭往荃灣的16號A線巴士。
花了差不多兩小時
才抵達位於九咪半
（現在灣景花園一帶）
的中央紗廠，
開始人生的另一階段。

他帶着幻得幻失的心情踏上事業征途，雖愛繪畫，終究難強求，只能隨際遇走：「最初，心想最好是找到畫畫的工作，可惜父親話畫畫無法糊口，於是托朋友介紹我去荃灣的中央紗廠做『藝徒』。」

屈居紗廠宿舍難繪畫

所謂「藝徒」，就是在化驗室檢測產品，如棉紗的成份合標準否，因工作表現不俗，很快獲晉升為「生產報表」，專職做生產報表，毋須處理其他工作。可見他當時的工作不乏專業性，卻仍只屬工人而非職員，僅能取日薪，入職時每天二元，後加至七元，一天工作十二小時。廠內職員多屬上海人，工人則有廣東人，相互交往下，數月間他的粵語大有進步，能聽亦能講，惟獨是口音難脫，大家喱稱他「上海仔」。

因回家路遠，他寄居宿舍，睡碌架床。床排得密密匝匝，偶有盜竊事件，若晚上遲歸，更要沖冷水浴，但勝在宿費全免。一天三餐皆光顧飯堂，三餐合計一塊半元。

廠內棉絮飛散，機器嘈吵，工作刻板，但沒有條件介懷，謀得一職已屬萬幸。荃灣那時是郊外墟市，青山道一邊是泥灘，另一邊山腳則散落各式小型廠房，具規模的中央紗廠則遠在九咪半。大勇工餘會前往區內唯一的繁盛大道眾安街消遣，須走半小時路程。除了到飯店進餐，有時會鑽進涼茶舖聽唱片。偶爾在街上碰到廣東話靈光的洋人，原來是摩門教徒。大勇曾隨他們學英語：「印象最深的，他們教曉我『hobby』這個字。」

惦記「hobby」這字，或許反映那若有所失的心情。居於宿舍，沒有空間繪畫，頭號嗜好無法圓滿，唯有寄情其他，譬如看電影。眾安街街口坐落荃灣戲院，街的中段則有大光明戲院。兩家戲院放映的雖屬市區映罷流轉過來的舊片，卻是區內的娛樂重鎮。

大勇愛看國語片及西片。一九五八年四月，馬龍白蘭度演出的《櫻花戀》（*Sayonara*）在香港公映，流到荃灣區已屬三輪放映，仍吸引到他作座上客，前後看了三遍。戲固然好，亦顯見當區娛樂生活有多精彩。每月唯一一天休假日，他會返回北角家小住，亦只有在家才能畫畫消閒。看罷的西片仍記在心，偶爾便依據印刷品上的肖像，繪畫心儀的明星畫像，如馬龍白蘭度、加利格蘭、金露華等，是他這期間僅有的畫作。

進永華片場當美術學徒

一切看來相當穩定，恰巧繼母房客的男朋友在永華片場上班，獲悉大勇鍾愛繪畫，便介紹他到片場的美術部工作。儼如天上掉下來的厚禮，教大勇欣喜不已：「知道可以

大勇南下香港後，
才首次認識繼母王惠文（圖右），
大家相處融洽。
圖為他與繼母、繼母朋友一起用膳時攝。

在永華片場任職期間，
大勇經常前往上司費伯夷家中工作，
並在那兒留影。

去片場工作，能夠見到明星，又可以畫畫，充滿期望，其實帶點虛榮心。」那時他在中央紗廠已工作了兩年，薪金亦升至每月百餘元，為了寓興趣於工作，他卸下紗廠的崗位，甘願打回原形，拿六十元月薪，到片場美術部當學徒。

一九六〇年秋，大勇投身永華片場，當美術主任費伯夷的助手。該片場為國際電影懋業公司（簡稱「電懋」）的拍片場地，他入職時，那兒正攝製《野玫瑰之戀》，離職前夕，《星星、月亮、太陽》則如火如荼的製作，葛蘭、尤敏等明星經常入眼。一進一出，他在永華僅工作了半年。

當時其職責除協助製作片頭的演、職員表，若拍攝場景需要畫作裝飾，像懸於客廳牆上的油畫，他也參與繪畫。他並非電懋公司的職員，僅為費伯夷私人聘請的助手，故要協助費氏私下承接的工作。每年費氏都推出聖誕卡，他先勾好黑色線條，並印刷到卡上，再經人手逐張上色，這些結合手作的卡子，會送到中區皇后戲院側的書報攤發售，屬高檔貨式。

大勇便依據費氏的樣本，逐筆逐筆為每張聖誕卡鬆色。重複的工序看似枯燥，總歸是塗色抹彩的繪畫活，他也做得投入：「卡子涉及多種色彩，我要混和顏料，調校出樣本要求的顏色，從中鍛煉出調色的技巧，很容易便調出所需要的顏色。」

在永華片場的半年，他概括：「屬學師式的工作，都做得幾開心。」此時，原中央紗廠的主任獲聘為海外紗廠廠長，想起昔日用心工作的「上海仔」，願付他二百多元月薪。大勇衡量過薪酬差距，終揮別永華，故業重操。

在海外紗廠他已晉升為職員，一手不賴的字跡亦派上用場，經常謄寫公文、通告：「其他職員多由工人崗位晉升，在他們中間我彷彿成了讀書人。」紗廠行三班制，一天廿四小時運作。大勇也要輪班，晚上十一時至翌晨七時的夜班最吃苦：「無法子習慣，睡眠不足，瘦得只剩一百〇五磅，十足似患上癆病。」後來廠長易人，新上司帶來自己的班底，大勇這位前廠長的舊將，難逃被解僱的命運。

「那時候，被『炒魷魚』是很不堪的事，我不敢回家對父親講，只好避居同事家兩、三天。」海外紗廠的副經理亦是天一紗布行的股東，由於大勇做事盡責，獲對方引薦到該紗布行任職。隨着謀得新職，他才敢回家，把經過和盤托出。

六十年代初，大勇攝於紗布行，在那兒留了兩年，工作談不上愉快。

天一紗布行貨倉位於太子道三一五號的唐樓內，大勇與同事在樓下合照留念。

大勇曾被紗布行管理人員譏諷瘦如病君。在那個年代，他的體格實屬適中。

自學油畫　繪畫明星

失業了不過三數天便覓得新職，原屬幸運，但一切卻非預期的順利。甫上班，他已發覺經理視他為眼中釘，還莫名的針對他瘦削的身形，幸得引薦他的副經理關顧和開路，飯碗暫保。他獲安排管理位於太子道三一五號的貨倉，那兒實為騰空唐樓單位充作貨倉。該處周遭為環境清幽的住宅區，大勇也看出風景，譬如光藝影業公司便設於對街，有時候他會見到謝賢等紅星進出，又如資深國語片演員王引和太太袁美雲，也居於區內。

該公司的紗布主要供應本地製衣廠，有陣子大勇除管理倉內貨物進出，也肩負「收數」重責。營商者處理帳項，常謂有拖無欠，他也順應這道理行事，卻招來經理的責難：「他不客氣的問：『何解你收來收去都還有數未找清！』其實商人怎會一下子找清欠款，他就是處處針對我。所謂人夾人緣，我和他是相衝的，於是辭職不幹！」

在紗布行工作了不足兩年，再度失業。屈指一算，自一九六〇年離開中央紗廠以還，前後僅三年，他已轉換了四份工作，在那個「搵食艱難」的年代，別人看來實屬不尋常，難怪曾介紹他工作的房客也說：「你成日轉工，將來如何娶老婆呀！」

轉了又轉，來去都是與紗布糾纏，離心儀的畫布卻愈來愈遠。工餘時他偶爾執起畫筆延續繪畫夢，在海外紗廠工作期間，曾自學油畫，更畫下影星畢蘭加士打的肖像，僅屬偶一為之的畫作。「那時對畫畫談不上瘋狂，遠不如今天興趣濃厚，天天都畫，不過，由始至終我都未想過報讀美術學校進修畫畫。」畫畫維生遙不可及，但始料不及，有天讀報時，竟見到招請畫師的廣告。

三、英語盲成格蘭廣告美術主管

1965 年，
阮大勇背着待業之身，
無可奈何賦閒在家。
有天讀報，
赫見「招聘畫師」的廣告，
瞬間為之心動。

招聘的公司位於百德新街，
僱主出身內地美術學院，
主要繪製行貨畫外銷，
製成品水準相對較高。
大勇前往面試時，
發現竟有近 20 多人應徵，
大家即場寫生比試。
最終他以圓熟的畫藝脫穎而出。

夙願得償　成插畫師

覓得畫師一職，且須繪畫油畫，雖則從未接受專業訓練，他仍斗膽上陣，只因在紗廠工作期間曾自行摸索：「油畫始終是西洋畫的正宗，我便膽粗粗的買來顏料及畫筆，用自己的方法繪畫，手法並不正規。我覺得沒要緊的，出來的效果可以便成。」畫行貨畫的期間，他曾以油畫方式畫過祖父的全身人像，作品一直保存至今。

這家公司只能付他微薄的薪金，工作亦沒多大規律，類似散工，相當清閒，雖則工作過程也挺愉快，但總非長遠計。這時，父親任職朗文出版社的朋友，願意介紹大勇到該公司，協助一位德國女士繪畫教科書插圖；能夠以繪畫為業，他深深相信：「我的機會來到了。」這次轉工絕對是個人事業的轉捩點。

與德國女士共事，言語不通，但無聲勝有聲，憑了得的畫藝，不久便獲對方視為得力助手。大勇沒有英文名，德國女士按其中文名喚他「TY」，往後加入美資格蘭廣告公司，在中外同事中間他仍沿用「TY」這暱稱，沒有矯飾「英語盲」的背景。「德國女士很賞識我，認為我在廣告公司做事，會有更好的前途。」女士透過她任職廣告界的丈夫，把大勇介紹到美資的格蘭廣告公司。

大勇（中立者）攝於朗文出版社辦公室。他於一九六五年加入該公司，負責繪畫圖書插畫。

父親朋友的侄兒（安坐者），介紹他到朗文出版社工作，改變了他的人生路途。

格蘭位於中環太子大廈，屬香港廣告商會（簡稱 HK4As）的成員，極具規模。大勇帶着作品前來面試，獲公司美術部主管辛普森（Andrew Simpson）接見，對方問他想做正稿抑或設計，從未涉足廣告行業的他誠實回答：「不知道，你想我做哪個崗位我就做吧！」說話經職員傳譯。結果，辛普森因應其繪畫才華，安排他任職設計部的繪圖員（Layout artist），主責設計及繪畫廣告草圖。

進格蘭廣告　畫出個未來

一九六六年，廣告行業正蓬勃發展，周遭人知悉大勇的新動向，都欣羨的鼓勵：「這是一份好工呀！」甫加入，他已獲每月三百五十元的豐厚薪金，更有額外四十元津貼，供他到夜校補習英語。可惜日間工作忙碌，上課時老在打瞌睡，加上對讀書的興趣不大，數月後便退學。英語雖不靈光，對工作的影響有限，洋人上司一般的指令不難接收，工作的重點是發揮意念、創意，並以達意的畫作呈現，這方面他是交足貨的。

大勇入職時，正值格蘭的全盛期，擁有不少大客戶，如德國漢莎航空、環球航空、瑞士航空，香煙品牌有總督、好彩及555，還有柯達菲林、百事可樂、好立克、天祥百貨，以至文華酒店、希爾頓酒店等。他主責把創作部的文案化成廣告草圖，除印刷品的平面廣告，公司亦製作廣告片，「故事圖」（storyboard）也由他操刀，這些草圖交客戶經理向客人匯報。他偶爾也為客戶繪插畫，如節日前夕促銷菲林，推動大家多拍照片。

基於英語不濟，各類會議他皆獲准免役，故能專心幹活。他非常享受這工作，公司備有大量英文美術及設計專書，是坊間書店鮮見的，空閒時他便翻閱，開闊眼界，並拿起紙筆研習。從未接受過正式的設計訓練，走馬上任，絕不會一步登天：「早期不懂得寫美術字，我到中環的報攤翻外國雜誌，參考人家的做法。或許註定我走這條路，困難必然有，最重要是解決得到，而且效果好。凡事皆如此，在那種環境就做那種人，自己盡量想辦法解決。」

沒有語言優勢，必須憑實力，加上認真、勤懇，辦事能力有目共睹。「洋人上司安排的工作，有時候我是一知半解的，但憑自己的想像力去做，怎料出來的作品都得到他們讚賞，他們會說：『marvelous』、『excellent』，這些字的意思應該比『good』更好。」任職不過兩年，曾獲加薪百分之四十五，位居眾職員之首，他亦由最初的繪圖員，逐步升至助理美術主任，再成為美術主任（art director），掌管美術部門。

公司易主　忍痛訣別

好景總不常，隨着大客戶流失，格蘭漸走下坡。及至一九七五年，公司更被新崛起

加入美資的格蘭廣告公司，雖然英語不靈光，卻無礙大勇融入工作環境。圖為他（左三）與同事出席聖誕活動。

擔任廣告公司美術主任，主責設計草圖，以至繪畫廣告片的故事圖。圖為他替德國漢莎航空（Lufthansa）繪畫的宣傳品設計草圖。

The Commandments for a journey by air.
(from "Lufthansa-News", Nr. 7/8 1930)

的堂煌廣告公司（Thompson, Wong, Kiernan & CJL Ltd）收購。格蘭孕育大勇成長，更讓他發揮美術專長，設計工作卓有成績，眼見公司易手，心內難過。「我是格蘭的人，對公司好有感情，心想：為何要賣給別人！」

早在正式入職前，他已和格蘭結緣。一九六六年獲聘用後，尚未正式上班前，在設計界享負盛名的 Henry Steiner，透過中間人邀請他到希爾頓酒店會面，誠邀他加入其設計公司，「對方願付出較格蘭多五十元的月薪，但我是老派思想的人，既已獲格蘭聘用，於是推卻了對方。」迄今回看，這一推還是恰當的，廣告工作始終較適合自己。

面向改朝換代，剛好此時又得到新的工作機遇，他決定辭職，更流露忠臣不事二主的氣節。堂煌的負責人 Peter Thompson 對他相當器重，一度挽留。「我對堂煌很不滿，當同事傳話說 Peter Thompson 叫我到樓上見他時，我索性回一句：『他想見我，就叫他下來吧。』結果，他真的下來見我。」但去意已決，頭也不回的便離開了。

對格蘭，他是盡心盡力的。一直以來，公司同事大多有兼職，下班後便各自為政的賺外快去，大勇卻沒有。於是，額外的工作往往流到他手上，倘若不是太過分的重擔，他都願意承擔。當然，在格蘭的八年多，他也曾一身兼兩職，夙夜匪懈的幹活。

他兼職的公司主要承接各類繪畫插圖工作，大勇幫手處理的，主要是朗文出版社的教科書插圖。「那段日子相當吃力，週一至五下班後，便到這公司兼職，週末、日也要前來上班。我是勤力工作的人，那時年輕，會抓緊機會多賺點錢。」

兼職繪畫　締結良緣

該公司位於銅鑼灣豪華戲院（今百利保廣場及富豪酒店）樓上，樓下既有首輪戲院，而一至三樓則為豪華樓夜總會，除以京菜馳名，更有歌星登台獻藝，如靜婷、台灣的李亞萍，以至新人徐小鳳，對街也有樂聲戲院。周遭娛樂場所歌舞昇平，與他這麼近卻那麼遠：「我在窗口望到進出樂聲戲院的觀眾，十分羨慕，我忙得連看電影的時間都沒有。」

縱然七天都兼職，但工作實在繁重，朗文便安排了一位女同事來協助他。大勇當年在朗文工作，這位女孩子尚未入職。果真緣分天註定，他們這一先一後的朗文人，於一九六七年在這家外邊的公司相遇，繼而交往。兩年多後共諧連理。

一九七〇年十月二十五日《華僑日報》刊登了一則結婚啟事：

「阮陽生先生之公子大勇君，與方易生先生長女公子良秀小姐，昨（二十三）日在香港大會堂婚姻註冊署舉行婚禮。是晚假北角雲華酒樓歡宴親友。新郎任職格蘭廣告公司，新娘任職朗文（遠東）有限公司出版部。」

結婚時，大勇在格蘭的工作非常順遂，公司業務亦正處高峰，豈料數年後便易手。歷年來他見證不少有能之士進出，日後更在不同界別名聲鵲起。像大學畢業後便進來工作的紀文鳳，聘請她的則是謝宏中，還有往後在設計圈贏得大師名譽的陳幼堅，而電視廣播有限公司前總經理陳慶祥也曾在此任職。

當中有一位僅在格蘭待過短時間，但對大勇日後踏上繪畫電影海報道路起着間接的推動力。這位被大勇稱讚為「鬼才」的人物，就是出版界的名家施養德。前述大勇毅然拒絕堂煌的挽留，頭也不回的辭退工作，正是接受施氏邀請，加入他新成立的公司。

刊於一九七〇年十月廿五日《華僑日報》的結婚啟事。

大勇與太太先後在朗文出版社工作，但非同期的同事，卻因工作結緣，果真良緣天訂。

一九六九年冬季，與當時的女友、後來的妻子同遊淺水灣酒店。

大勇於一九七〇年十月結婚，並在北角雲華酒樓宴請親友，來賓包括曾在朗文出版社一起共事的德國女士（左一），身旁是她的母親。

四、加盟施氏製作 顛簸九十天

對阮大勇而言，
1975 是波瀾起伏的一年。
一方面，
原任職的格蘭廣告公司易主，
被堂煌廣告公司收購，
基於對舊公司的深厚情誼，
他選擇離開。
另一方面，
繼大女兒後，
這一年他也誕下麟兒，
湊成一個「好」字。
經濟負擔加重了，
他仍冒險一試，
接受格蘭前同事施養德之邀，
加盟其創辦的公司。

相對於廣告公司的規模，這家新公司既無根基，亦無業績，行與不行尚充滿未知數，這步棋多少是險的。「施養德說，如果公司發展得好，我們三個骨幹人物都會有錢分。」以一家新公司而言，出手並不輕，給他月薪四千元，與他在格蘭任美術主任的薪酬相同，顯見當事人是雄心萬丈的。

獲施邀請當開荒牛

施養德是菲律賓華僑，在格蘭廣告任職了短時間，便隨美術主任陳兆堂過檔電視廣播有限公司。施氏點子多多，敢試敢做，在機遇充盈的七十年代，他毅然成立自家的公司，銳意在出版界一展拳腳。縱然僅灑下毛毛小雨，但先聲奪人的雷響，也相當亮耳攝人，讓隨行者如大勇也有過期望。

一九七七年十月，施養德再起，把電視劇《家變》內虛構的刊物《清秀雜誌》化為真實。在該雜誌的創刊號，他回憶一九七四年進軍出版界的始末，扼要的指出幾個要點：

「對一個設計師來說，出版是最能滿足自我表現慾……出版事業成了我在一九七四年獨資成立的施氏製作公司 Z Productions 的其中一項生意。」

「這間公司營業範圍包括：廣告、設計、電影及出版，在中環最旺盛的地方一連租下四層寫字樓……第一層是設計製作室。第二層是辦公室。第三層是我的會議室。第四層是攝影室。職員有二十人。」

「我在這段時間內曾經出版了三本雜誌。純娛樂性的——《天才與白痴》（《上大人》的試版）。我很投機，這使我成為廣告行業中的出色份子，當嘉禾機構打出許冠文的招牌時，我已經開始打主意。當時我以高薪聘得兩位左右手，關鑑銘、阮大勇兩人平分秋色。嘉禾同時願意付出相當可觀的創作費。」

施氏指出《天才與白痴》是以他構思中的成人刊物《上大人》為藍本，《天》屬於電影特刊，而《上》最終沒有面世。至於同期出版的另外兩本雜誌，分別為兒童刊物《得意妹》及文化刊物《新電影》。

施養德當時獲得《新報》的老闆羅斌支持，租下坐落雲咸街的辦公大樓，大勇對這條街很熟悉。格蘭走下坡後，公司則往山上遷，由太子大廈落戶雲咸街，以節省租金支出；大勇這次轉投施氏麾下，所謂蟬過別枝，果真是走到鄰戶而已。

1975年攝于"Z PRODUCTION"雲咸街 28/3/1993題.

施氏製作公司（Z Productions）位於雲咸街的辦公室，大勇僅在此任職三個月，公司便告結束。

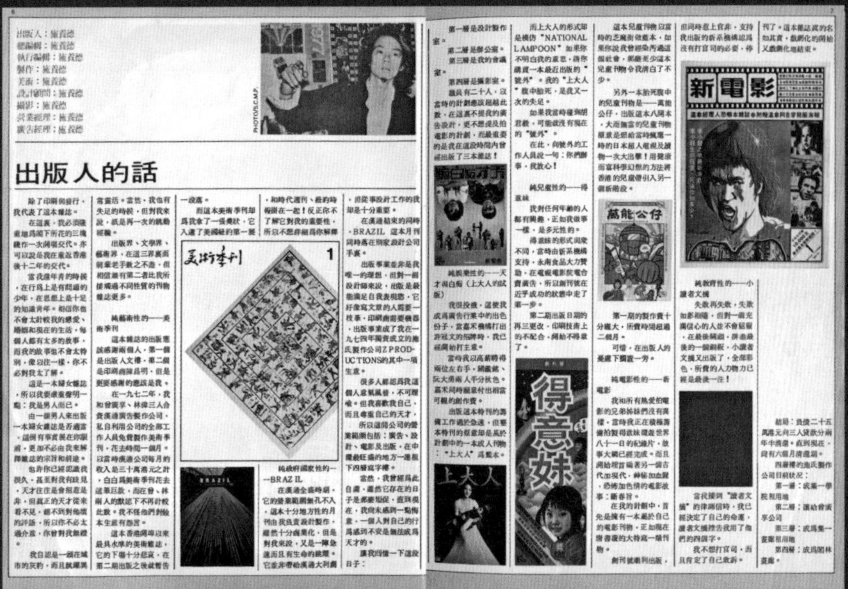
出版人：施養德
總編輯：施養德
執行編輯：施養德
製作：施養德
美術：施養德
設計顧問：施養德
攝影：施養德
營業經理：施養德
廣告經理：施養德

PHOTO/S.C.M.P.

出版人的話

除了印刷與發行，我代表了這本雜誌。

一九七七年十月《清秀雜誌》創刊號，出版人施養德憶述他一九七四年進軍出版界。文中提及的多份刊物如《得意妹》、《新電影》，大勇均參與製作。

日夜趕工　換來肝炎

施氏聘請的員工盡是年輕人，有那麼一剎那，大勇埋首於案頭工作，一抬頭，入眼盡是一張張青葱的臉，竟有點觸目驚心：「突然間發現自己是整間公司最年長的一員。我十七歲出來打工，一直是工作間最年輕的一員，但這間公司沒有『老嘢』，最老的就是我，起初真的不太習慣。」那時他還不過三十四歲。

萬事起頭難，新公司由零開始，一切待上軌道，大勇領着一群工作經驗有限的年青人，倍感吃力。他們主要負責正稿，把素材剪貼拼製版面，其他設計和繪圖的重責悉數落到大勇肩上。期間每晚均加班趕工，下班後到附近的大牌檔宵夜，不幸吃了骯髒的食物，弄出個肝炎來。「個病『好大鑊』，天天要去打針，打在臀部，肌肉都打到僵硬，無位可再注射，可說是這三個月工作換來的代價。不過那時三十多歲，我沒有後悔轉工。」

僅三個月，施養德的出版夢碎，壯志未酬，與他並肩三個月的大勇，捱來一場病外，沒有太大損失，薪金收足，最重要是為自己的事業埋下了一顆種子。上述施氏覷準嘉禾推出電影《天才與白痴》而製作特刊，生意是由關鑑銘承接的，工作包括為該片設計海報及宣傳刊物。

擔起公司美術工作重責的大勇，自然由他製作該幅電影海報。雖然並非整張皆由他設計，但當中最核心、最矚目的漫畫化插畫，則來自他的手筆，也成就了他人生的第一張電影海報，為日後設計及繪畫海報鋪下伏線。

撒下繪畫電影海報種子

告別施氏製作，一如既往，工作機會適時流到跟前。在格蘭認識的舊同事 Malcom Glenn 自組廣告公司，羅致他出任 Art Director（美術主任），後來新聘了一位 Art Director，大勇的職銜便修訂為 Senior Art Director（資深美術主任）。

Malcom Glenn 成立的僅是小公司，隨着取得德國漢莎航空、勞力士錶及希爾頓酒店等大客戶，慢慢造出成績，發展為中型公司。大勇在這兒工作了五年多，竟又遭遇與先前類近的歷程，公司被大型的外資廣告公司智威湯遜（J. Walter Thompson）相中，進行了併購。這一回他選擇過渡，惟周遭卻泛起暗湧。

新公司新架構，更調來新的洋人創作總監：「我和這個外國人是沒有緣份的。他一來到便把總公司那套做事方式帶來，與我一向避重就輕的處事模式有別。我不諳英語，他卻要求我開會一起度橋，工作環境愈來愈不適合我。」這時，成立不久的新藝城聯絡他加盟，既然在這兒的工作出了問題，他決定辭職。

彷彿又一次應驗了他那處世金句：「我成世人都是被動的。」機遇是流到來的。但細微觀察，箇中也含有前因後果，多多少少是由他鋪排過來的。

一九八一年，他應新藝城之邀加盟金公主，一個新年代的啟始，他的正職也邁進新階段。然而，在七、八十年代之交，他的副業已綻放花蕾，更實行兩條腿走路，早前埋下的那顆繪畫海報種子，在他悉心灌溉下萌芽滋長。繼《天才與白痴》後，他陸續繪畫了多款電影海報，姑勿論多低調，在那個求趣求新的港產片發軔期，他妙趣橫生的繪畫技巧不脛而走，美名遠播，才引起新藝城的老闆注視，以致拉攏加盟。

大勇加入舊同事 Malcom Glenn
開設的廣告公司，
後為智威湯遜（JWT）併購。
圖為他攝於該辦公室，
約於一九七五年。

創作人的工作環境，不免雜亂，
不過，難得亂中有序。

「從事廣告工作，
不管多熟手，總會遇上困難，
但最重要是想辦法解決，
一路以來，各種問題都解決得到。」

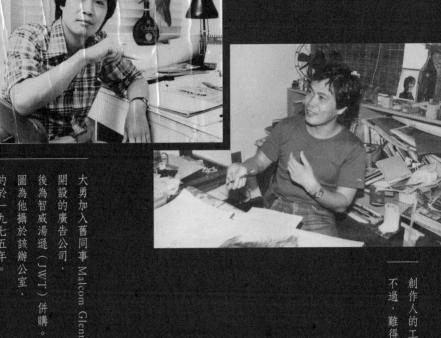

五、叩許氏兄弟門 首次毛遂自薦

七十年代剛過了一半，
事業上泛起的波瀾暫竭，
在風平浪靜的當兒，
為爭取繪畫電影海報的機會，
阮大勇毅然躍出「被動處世」的框框，
首度為工作毛遂自薦。

任職施氏製作公司期間，他主責美術，另一重心人物關鑑銘則屬創作大員。施養德是大勇口中的「鬼才」，關先生則是「奇才」：「他曾在TVB的美術部工作，衣著打扮很特別，和一般人穿的衣服很不同，度橋時也有很多古靈精怪的點子。」關氏接下嘉禾新片《天才與白痴》的平面宣傳品製作工作，包括一冊在報攤發售的特刊及影片海報。

商業繪畫初試漫畫手法

工作雖屬外判，許氏兄弟仍親力親為，應邀前來開會，聆聽創作人員匯報構思，大勇亦首次與許氏三兄弟見面。雖云是工作交流，內裏也不無粉絲見偶像的心情，他既鍾愛冠文在電影中的冷面笑匠演出，而俊朗擅歌的冠傑，大勇亦同樣擁戴。

作為公司的美術主任，特刊、海報的製作重責均落到他肩上。海報的設計從簡，功夫集中在繪畫核心圖像——兩個要角沿「天才」與「白痴」的組合嘻哈並列。圖像造型以劇照為依據，為配合影片的喜劇基調，他選擇以誇張的漫畫化手法呈現。商業繪畫上他從未運用這種手法，這是一次突破。

任職廣告公司期間，經常翻閱外國美術書，對漫畫化的人像繪畫手法早有涉獵，閒來亦不時摸索試畫，但從未繪成正式的作品，展現人前。及後有同事獲調派到日本分公司當主管，他代表公司繪製紀念卡餽贈對方。當時靈機一動，把其人像照片作漫畫化變奏，繪成卡通造像，同事在卡子上簽名留言時，對畫作甚欣賞：「之後有同事離職，我也照辦煮碗繪畫這種風格的卡子相贈。構思《天才與白痴》海報時，想到是喜劇，何妨用這種誇張的手法。」

擬好《天才與白痴》海報的草稿，經同事交許氏兄弟過目，獲批准後他便製作正稿，繼而印成海報。整個流程與其他工作無異，他沒有與許氏兄弟再接觸。電影於一九七五年八月公映，票房雖遜於《鬼馬雙星》，但依然是全年冠軍，而大勇的漫畫圖像，則通過海報及許冠傑同名大碟的封套，廣為流傳。

回到當天，一如其他工作，成品做好後，沒想過有續集，往後能無間斷的推出作品，全然始料未及。施氏製作結束後，大勇轉投 Malcom Glenn 廣告公司，有天讀報發現許氏兄弟正拍攝《半斤八兩》，瞬間怦然心動，浮想聯翩：「因為有了第一張《天才與白痴》的繪畫經驗，我覺得自己的畫風很適合表現這類喜劇，所以心思思，希望能夠繪畫《半斤八兩》的海報。」

許冠文、許冠英及許冠傑前來施氏製作公司，商討特刊設計事宜，右方穿黑衣者為阮大勇。

對稱構圖表達半斤八兩

所謂「心思思」，渴望的程度實在強烈，驅使他突破一貫的被動取向，主動出擊。他沒有事先致電探水溫，便直接跑到斧山道嘉禾影片公司，向許氏兄弟自薦。該處前身是永華片場，大勇於一九六一至六二年曾在此工作半年。舊地重臨，人面全非，他亦由學徒成長至資深的廣告人，但這次為繪畫電影海報而來，嚴格來說是新人，眼前也是一片陌地：「於是找來同事陳廣楠壯壯膽，他是何冠昌的親戚，由他帶我入去。」

他不清楚陳氏曾否打聽內情，總之到達時，適值許氏兄弟在片廠拍攝。既導且演的許冠文忙得團團轉，不宜打擾，於是轉向許冠傑。雙方過去僅有一面之緣，大勇冒昧的打開話匣子：「你記得我嗎？」許冠傑友善的答：「記得！」並初步接受大勇自薦繪畫海報，相約之後詳談。

他們約定在尖沙嘴火車站外見面，許冠傑駕車前來，邀大勇上車並講述該片故事；許氏大概剛在街市購物，車內擱着一尾游水海鮮。其後在同一地點，許氏再向大勇介紹影片內容，這次車內則有黃錦燊在座；許在美國拍攝《小英雄大鬧唐人街》時認識黃，黃這時剛回香港發展。

兩次見面後，大勇便擬好海報草圖，並拿到嘉禾匯報。嘉禾相當重視，除許冠傑，老闆鄒文懷和總經理何冠昌皆列席。何氏建議在人像前方加入天秤，兩個主角的頭像分置天秤兩側，大勇虛心指陳，多畫一個天秤會破壞構圖，他安排兩個要角的頭像對稱並列，無分軒輊，已清楚表達「半斤」與「八兩」之意，若再加天秤，反覺累贅。「最終大家都接納了，我很開心。」

當時他在廣告公司有正職，只能在晚上及週末日繪畫，約花了十天完成。「做正稿主要講求繪畫功夫，整體無甚難度。」構思上稍費神的，就是在對稱的構圖中加插許冠英的角色，結果借用了私家偵探那放大鏡來框起該角色，圓滿構圖。完成後，他把畫稿拿回嘉禾公司，交予宣傳部主管周慶韶，那時杜惠東仍是他的手下。

一九七六年十二月《半斤八兩》公映，大破票房紀錄，大勇的海報亦教人津津樂道。「雖然這是一九七六年的畫作，但今天看來，我仍視它為我的代表作之一。」

國畫筆法配民初拳腳片

較幕後人員站得更後的海報畫師，不易聽到雷動的掌聲，但繞個彎還能隱然覺察：「相信嘉禾方面的反應是滿好的，之後他們很多影片海報都交給我畫。」他先獲邀為許

因為《天才與白痴》特刊，
大勇首次與許冠文見面，
往後難得碰面，
《海報師》一片讓他們再次聚首。

《海報師》在香港電影資料館舉行首映禮，
鄒文懷出席觀賞。他對大勇說：
「看了影片，彷彿回到當天的青春歲月。」

氏兄弟前作《鬼馬雙星》重繪海報，供影片作海外發行用。其後有民初功夫片《贊先生與找錢華》，因片種有別，嘉禾要求他以另一種手法表達：「我鍾愛國畫，立刻想到國畫大師程十髮的畫風可能適合，於是參考借用，後來的《雜家小子》及《林世榮》亦沿用這手法。」一九七九年公映的古裝武俠片《豪俠》，他回應導演吳宇森的要求，運用平面的圖像把生死對決場面那千鈞一髮的輕靈動感呈現。

影圈人脈糾結，沒有秘密，大勇畫藝的美名悄悄流走，他縱然被動，工作機會仍接踵而至。在廣告公司上班，他有天突然接到陌生人黎應就來電，邀他為其任製片的電影《面懵心精》畫海報，影片由麥嘉執導。一趟連線，開展他為金公主院線麾下獨立製片公司繪畫海報的機遇，也與麥嘉結緣：「大家一認識便很投契，之後為他畫了《老虎田雞》等多部電影的海報。」《老》片的主角是洪金寶，洪由獨立製作到進入嘉禾，大勇也為他畫了多幅膾炙人口的海報。

來到這一點，雖是兼職之身，與影片製作亦保持距離，但大勇已是影人。期間麥嘉鼓勵他：「你的工作範圍太窄了，不如試做服裝設計。」為此他曾短暫涉足戲服設計，更一度獲名家孔權開邀請參與工作。「我印象較深的是《師弟出馬》。成龍的小腿線條美，我為他設計了民初式樣的上衣，配以短褲。有幾場戲他就是這樣穿。」

七、八十年代之交，喜劇抬頭，尤以諧趣功夫片獨領風騷，大勇以漫畫手法繪畫的海報圖像，非常搭調，起畫龍點睛之效。及至麥嘉、黃百鳴邀他進金公主，他以圖像畫出香港電影製作的黃金十年，花火四濺。

為《天才與白痴》製作的宣傳稿。

六、加入金公主
磨劍十一年

剛跨過八十年代，
阮大勇又轉職了。

由外資公司投向本地山寨式獨立製片公司，
上班地點也由高尚的中環轉到草根味濃的旺角。
縱然拿相同的薪酬 —— 月薪一萬；
擔任類近的崗位 —— 美術主任，
但部門實質只得他一人。
從尋常視點瞭望，
事業是走向下坡，
但過後微觀，
這一轉卻成就他更輝煌的美術成就，
揮筆為電影鬆上奪目的彩衣。

全職為電影塑造畫像

七十年代末，大勇以實幹的態度及富創意的畫風繪出多張精彩的電影海報，也開始與影人交往，包括麥嘉、黃百鳴，他們剛於一九八〇年中聯同石天成立新藝城影業公司。一九八一年底，他們邀大勇加盟。這時在廣告公司的工作頗不順遂，機遇既來到，他就答允了。

首天上班，踏進旺角始創大廈六〇六室的新藝城辦公室，斗室逼仄，非常草創：「最初我連座位都沒有，只好借用石天的辦公桌。」石天每天近黃昏才上班，造就一桌二用的可能。不過，輪流佔座的日子維時甚短，大勇很快便遷往隔鄰凱聲戲院頂樓的金公主辦公室，「在那處我天天都有工作要處理。」

今天為人津津樂道的新藝城電影海報，僅是他當時的職責之一，他主要替金公主發行的影片設計報刊的平面廣告，還有特刊及各類宣傳品。他終於擁有固定的辦公位置，部門亦增聘了人手：「那時事事都靠人力，要兩個同事做『跑腿』，遞送文稿和材料，亦做些正稿工作。」回到那個手作年代，單單把硬照放大縮細，便要經人手交送灣仔製作。

攝於一九八四年。
大勇在途上遇到香港電台美術部的陳法興，
對方為他攝下照片。

他在金公主的辦公桌，狹窄，凌亂，
但一張張為人讚嘆的海報均誕生於此。

有別於廣告公司，這兒是廣東話的世界，他偶有參與商討宣傳攻勢的會議。當然，工作的核心是製作報刊廣告，為新片造勢，同一套電影由預告午夜場、盛大獻映到因叫座而延長映期，至少要做四款不同的廣告稿。「劇情片通常用相片拼貼，喜劇則是繪畫。」雖是同一套電影，有時他會為每一款廣告稿獨立繪圖，以白描手法，勾出維肖維妙的單線條黑白圖像。像《鬼馬智多星》，由午夜場到正式公映的廣告，以不同造像層層遞進介紹各個要角，活潑生鬼。

早期他先聆聽黃百鳴講述影片故事，再構思海報及廣告的構圖，其後與金公主宣傳部負責撰寫影片故事宣傳稿的莊澄合作為主：「我會透過宣傳稿和劇照簿擷取靈感，宣傳稿很重要，往往能啟發我，通常我很少看試片。」新藝城出品的電影，廣告宣傳句語出自其宣傳部主管李居明之手。大勇的美術部非隸屬宣傳部，由海報到廣告設計皆很自主，無甚制肘，他擬好的廣告草稿只需交發行部經理彭達榮審批便可，而新藝城的海報草稿則交黃百鳴過目。由廣告到海報的草稿，每每一稿即過，大幅修訂的個案絕無僅有。

禁制令下停畫嘉禾海報

由廣告公司過檔，雖云是新崗位，工作實已熟習。加盟新藝城前，他已替金公主麾下的獨立製片公司繪畫海報及設計平面廣告，兩類宣傳品均造出亮眼的佳作，如《新貼錯門神》、《滑稽時代》、《天真有牙》及《歡樂神仙窩》等。

對這些作品的嘉許掌聲迄今仍不絕，大勇卻無意吹擂：「難度不大！當時我好似一台機器，一按掣就會做。心態是工作來到，便盡本份做好，若片商不喜歡，我也沒法子；不過，我始終是專業的，差極都有一定水準。」在廣告界浸淫了十餘年，早已錘煉出熟練、精準的技巧，更關鍵是天賦的敏銳觸覺，眼球掠過劇照簿內的大量照片，便能篩選出具塑造性的，拼湊重組，構築出奪目的海報——角色主次分明、故事內容呼之欲出、影片氣氛精準傳遞、冷暖色調恰到好處……

這台機器出來的作品人味十足，風趣幽默，更不乏創造性的筆觸。譬如《再生人》，是他進新藝城後主理的首張海報，縱是驚慄劇情片，他也採用繪畫手法；作品突破漫畫化造像，調子冷峻，畫面佈局細緻，提綱挈領的帶出故事重心。《陰陽錯》則大膽地聚焦新人倪淑君，營造淒美浪漫，是個人傑作之一。大堆頭的作品也屢有佳作，像《我愛夜來香》、《最佳拍檔女皇密令》、《開心假期》及《橫財三千萬》，人物圖像相互呼應，繪畫功夫一絲不苟。

圖為公司慶功宴上，與導演徐克、宣傳大員李居明合照。

加入金公主後，大勇鮮少出席影片慶功，但這天慶祝新藝城還往新辦公室的派對，他則有出席，旁為泰迪羅賓（左二）及劉家榮（左一）。

七十年代末，喜劇漸成影壇主流，他繪畫的圖像已化為這類電影的「標誌」。以喜劇闖出名堂的新藝城，把如意算盤打得拍拍作響，邀大勇加盟，意圖把其諧趣畫作私有化，變成公司的標誌，最終，大勇圓熟的圖像風格確為公司建立起品牌效應。當然，公司總歸有着兄弟班的特色，仍容許他替外間公司繪畫海報賺「外快」，他的畫作依舊在圈內遊走。金公主麾下的獨立製片公司如永佳、萬能、立人自不待言，海報多交他主理，但屬兼職，須以工餘時間畫。一九八五年前，嘉禾的大製作如《A計劃》、《奇謀妙計五福星》、《快餐車》及洪金寶執導的《人嚇人》，海報仍出自他手，佳作紛呈。

不過，再平靜的湖面也會有暗湧。有一天，老闆對他說：「阮大勇，你不可以再替嘉禾畫海報。」新藝城與嘉禾在票房上的爭逐愈趨白熱化，每逢大時大節，雙方勵兵秣馬，競推大片，如戰在弦。處於宣傳戰線最前沿的海報，容不下一絲閃失，但敵我雙方豎起的旗幟，竟有類近模式的圖像，多少說不過去，禁制令由是下達。他的畫作從此告別嘉禾的影片，直至他離開金公主，期間的例外是一九八六年六月二十日在嘉禾院線公映的《最佳福星》，海報仍由他主筆，只因那是麥嘉作為新藝城老闆，應洪金寶之邀參與拍攝由嘉禾出品的電影。

漫畫海報失卻首選寶座

新藝城前期的電影海報，幾近全數由大勇操刀，反映管理層對其作品的欣賞，亦側映他們相信其筆下圖像與票房報捷具有微妙的因果關係。一九八六年後，公司的架構有變，喜劇不再佔壓倒性優勢，接連票房奪冠的是「英雄片」，硬朗的類型電影，海報全數選用照片拼合模式，即使喜劇如《長短腳之戀》、《大丈夫日記》等，亦捨手繪海報，雖則前者的照片海報仍由他設計。對大勇而言，工作並無影響，報刊廣告始終是主責，海報繪畫與否，他不會獲額外稿酬或被扣減薪金。

面向這轉變，縱然明白要豁達面對，內心仍泛起酸味：「起初很不習慣，突然間不再找我畫海報，心下會問：何以不找我呢？有小小覺得被冷落，始終最初你們是邀請我回來畫海報的。」同時，新銳導演進駐，做法亦有別從前：「各個導演都有自己的看法，搞海報是很有趣的，美術指導亦會有興趣參與。」總歸是隨遇而安，一切也就過去：「人的事業總有高低起落，大家看慣了，想換一下新鮮的東西，也是人之常情，每一行都是這樣。」不過，公司內某些影片的海報還是不能缺了他的一筆。像「最佳拍檔」系列，前後五齣的海報都由他繪畫。

正職繪畫海報的數量減少，他也沒有請示上級可否解禁替嘉禾畫海報，一切隨緣，何況外間找他揮筆的公司多着，如德寶，他便畫過《繼續跳舞》、《雙肥臨門》。許冠文的喜劇移到新寶院線公映，他便先後畫過《雞同鴨講》、《新半斤八兩》。而新人王周星馳，由《一本漫畫闖天涯》、《龍的傳人》、《新精武門一九九一》到《漫畫威龍》，紛紛在大勇的妙筆下跳脫現身，展現卡通化的鬧趣星味，由新藝城與萬能聯合出品的《情聖》，海報亦理所當然交到大勇手上。

他與這位畫中人曾有一面之緣。那次，周星馳獨自來影樓為電影《義胆群英》的海報拍攝造型照，該幀以照片組成的海報正是由大勇設計。他們在影樓短聚，閒聊數語之間，周透露：「阮生，我很喜歡你畫的畫。」

八十年代末，香港影壇急遽變化，院線由三條逐步增至五條，影片製作量劇增，圈內人卻預感工業將進艱困期。一度執業界牛耳的金公主院線，在掌舵人雷覺坤辭世後亦選擇暫竭業務，時為一九九二年。服務十一載，大勇為公司傾注無盡色彩，亦順勢退休。

七、移居新西蘭 擱畫筆十載

隨着金公主業務停竭，
時年 51 的阮大勇順勢退休。

回溯服務該機構 11 年，
共事者才華橫溢，
工作每每能事半功倍，
加上他主責美術及繪畫，
絕對游刃有餘，
除大時大節前夕稍為趕急，
平日相當輕鬆自在。
他由衷感謝：
「金公主是一間相當好的公司。」

選擇提早退休，一來家人已有移民打算，二來，過去一段日子，正、兼職交纏，實在勞累。每天下班吃過晚飯，便埋首繪畫承接外間公司的電影海報。一九八四年《玉郎漫畫》創刊，他接下繪畫封面的任務，該刊由雙週刊發展至週刊，他每週都要交稿，偶爾還要兼畫內頁的跨版海報，這些工作只能安排在週末、日處理，繁忙時，做足七天。

退休後　鮮聞求畫叩門聲

「我個人是很被動的。」這句聽來不太擲地有聲、歸不進座右銘的話，伴他同行退休的日子。不如往昔，新的工作機遇沒有適時出現，他也沒有強求，僅接些散件工作，畫筆尚未擱起。直至一九九四年，既然叩門求畫者依稀，看來職業生涯提早終結已成定局，那邊廂，家人相繼移居新西蘭，他也須在限期前到當地報到。一九九五年，他收拾行囊，向一片陌生土地進發，告別香港前最後繪畫的海報，是一九九三年公映的《笑俠楚留香》。

航機揚長而去，「阮大勇」這個在電影界、插畫界為人熟知的名字，消失在風裏：「我沒有刻意搞聯繫，雖然外面很多人知道我的名字，但沒多少人清楚我的行蹤，關於我定居何處，眾說紛紜。」移民是家人的主意，尤其女兒希望到新西蘭升學。作為一家之主，他以一貫的隨緣態度應對家人的建議：「我不懂英語，何苦要移民！不過，你們即管申請吧，若批准，我不介意一同前往，反正已經退休。」結果申請成功獲批，他亦兌現承諾，隨家人往當地安頓。

抵達移居地、新西蘭首府威靈頓。瞭望這片生活氣息與香港截然不同的土地，雖然環境是怡人的，但想像不到如何安居，始終「我不懂英語」是個嚴峻的障礙，「又聾又啞」的移民生活實不易熬。回想初進格蘭廣告公司，曾獲資助入讀夜校補習英文，可惜沒有帶備牙籤撐起疲累的眼皮，咬着牙堅持，機會便流走了：「這是我一生的遺憾，若學好英文，往後走的路會很不同；那時還年輕，要學是應該可以學到的。」

來到新西蘭後，他曾隨一位當地人學英語，努力不懈，多練多用：「學得不錯，有相當的進步，不過後來回香港定居，又放棄了。」回看整個歷程，不禁一嘆：「我這生都學不好英文。」

三地頻撲　無心提畫筆

受制於語言，難以融入當地，無可無不可地過着乏味的退休生活。「起初非常悶，連華語電視台都沒有，很不習慣。平日在家中發呆！要不就讀讀帶去的金庸武俠小說，最大的娛樂是去逛超級市場。」英語電視節目也與他相距千里，「我喜歡看一個名叫

與妻子攝於新西蘭國會大樓前。

大勇認同新西蘭的生活閒適自在，可惜英語不靈光，溝通有困難。圖為他攝於當地的家居。

《*Open Home*》的節目，是介紹漂亮的樓盤，只需看畫面，毋須聽得懂內容。」來自香港的兼職工作僅瑣碎的有一點，像王晶、文雋及劉偉強合組的最佳拍檔電影公司，曾連續兩年找他畫聖誕卡。然後，那支他嫻熟舞弄的彩筆，便靜靜的擱在一旁，封塵十年，內心也不太着意再提起：「也許已經畫了幾十年畫，而且不時要來回香港、上海，照顧患病的父母，心情都很煩擾。」

移居當地不久，母親因病而遷回上海，以便聘請傭人照料，當時父親仍留港居住，但年事已高。有鑑於此，大勇選擇定期回港，然後赴上海，陪伴兩老。於是，他每年僅在新西蘭居留三個月，其餘時間在滬港兩地往還小住。年復年這樣子在三地頻撲，千禧年前後，父母親先後與世長辭。

縱然不時留居香港，但大勇的身影沒有露於人前，可說已絕跡江湖。二〇〇五年十一月二十七日，位於尖沙嘴星光大道的李小龍銅像揭幕，報章報導中，他的名字閃現：「（銅像）灌注期間，香港插畫大師阮大勇、電腦動畫大師馬富強等頻繁來往穗港兩地，與作者一起討論如何讓李小龍更逼真」。活動的主角是李小龍，銅像的創作者則是廣州美術學院教授曹崇恩，大勇只是擔任義務顧問，為鍾愛的功夫巨星獻出心力，務求銅像做得盡善盡美，因此他的重臨沒有掀起熱議，僅佔去幾個字粒的空間。

在新西蘭期間，偶有接下插畫工作。這幾款政經名人的漫畫人像草圖，是為一款月曆而畫，可惜僅完成草圖，計劃便擱置了。

除了電影海報，他也為雜誌繪插畫，如一九九四年八月四日*Far Eastern Economic Review*（遠東經濟評論）的封面。

平淡過活，就是美好，偶爾泛起漣漪，原是淚滴使然。二〇〇七年七月，太太因病辭世。幾年間，雙親及妻子相繼離去，心情難受：「辦好太太的後事，我『戇居居』，於是再拿起畫筆畫畫，紓解一下心情。」重拾畫筆，抹去微塵，未至於陌生，但塗抹間，依然有點不對勁：「停了十年，技巧生鏽了。雖然仍懂得畫，但水準不穩定，部分畫出來的效果和以前相若，但有些明顯遜色得多。」

畫由心起，當時純粹繪畫寫實風格的作品，擅長的卡通化手法則無心觸碰。二〇〇七年，他與一對兒女回流香港，兩個孩子已於當地完成大學，女兒亦投身社會工作，兒子回港後則繼續升讀碩士課程。至於他自己，延續恬淡的退休生活，當然，有別於在新西蘭，此間他以繪畫作伴，為興趣而畫。

磨礪鏽蝕畫藝　得失自知

畫了兩、三年，水準慢慢恢復過來。不過，今非昔比總歸是無可抗衡的定律，他深深體會到與黃金時期自己的繪畫技巧相比，明顯有差距：「可能與年紀有關，手的控制沒以前利落，雙眼也有『老花』問題，畫卡通化圖像，畫不到太繁複的造型，生鬼程度亦不復當年。」再次執筆，多畫寫實人像，寫實畫風愈磨愈利，水準猶勝從前。

回港後，居於繁鬧的鰂魚涌，選擇大隱隱於市。低調的性格使然，他沒有刻意聯繫舊友同朋，遑論公告行蹤。當時，畫畫已成為生活習慣，差不多天天都畫，但純屬自誤，想也沒想過再以繪畫賺錢。不過，圈子之內，美事總難秘而不宣。蟄伏數載，開始有聞風者前來求畫，一件起兩件止。再然後，從事設計工作的周少康邀請他出席講座，際此電腦世代，分享手繪插畫的舊憶與心得。

在人數有限的會場站台亮相，隱形人尚未全面現形，直至周指導他用電腦建立個人的 facebook 戶口，絕跡多時的「Yuen Tai Yung」再現江湖，亮相網絡，傾慕者湧現，他才驚覺個人美名隔代相傳，掌聲再次響起，把他領向一次意料以外的璀璨旅程。

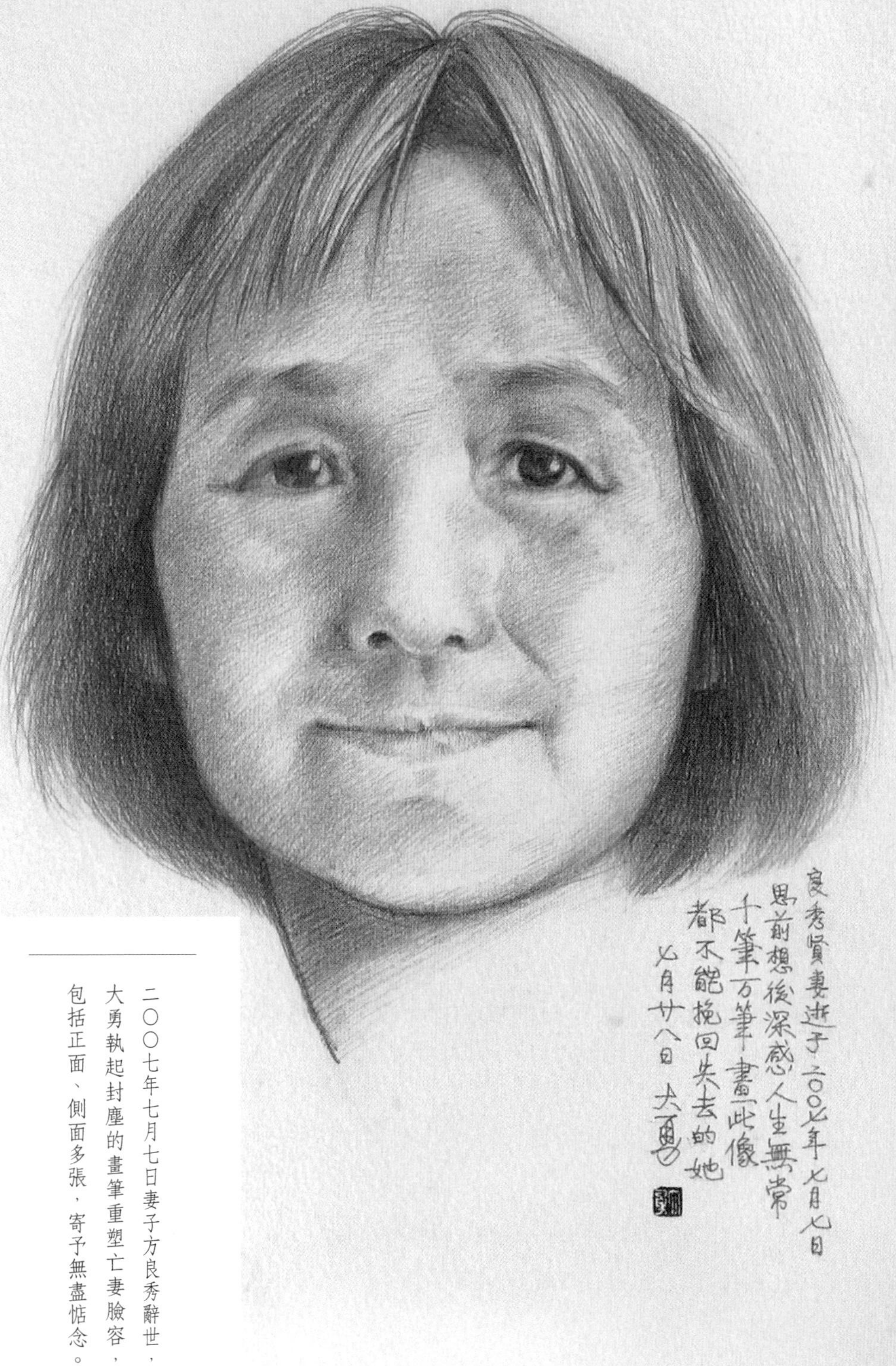
良秀賢妻逝于二〇〇七年七月七日
思前想後深感人生無常
千筆万筆畫此像
都不能挽回失去的她
七月廿八日 大勇

二〇〇七年七月七日妻子方良秀辭世，大勇執起封塵的畫筆重塑亡妻臉容，包括正面、側面多張，寄予無盡惦念。

八、出關回港 人生再掀高潮

在雷動的掌聲恭迎下，
阮大勇步出2017年香港電影金像獎頒獎典禮的舞台，
從許冠文手上接過嘉許他的「專業精神獎」，
隨後結巴的道出感言：

「……多謝香港這片福地，
在天時地利人和的環境下做就了我的工作……
我1957年來香港，
到今年是60年，
得到這個獎是最大的光榮。」

倒數十年，他於二〇〇七年從新西蘭回流，心想晚年大概是恬靜度過。偶然拾起小石扔向平靜湖，豈料擊起千重浪，人生下半場仍能高潮迭起，這十年的璀璨比之前的五十年有過之而無不及，但一切皆成就於這五十年默默累積的畫緣、友緣。

facebook：連繫千萬張臉

重返香港這片熟悉的土地，居於熟悉的鰂魚涌，過着已變得熟悉的退休生活，每天都鍛煉繪畫，幾年下來，沒有刻意聯繫誰，安於隱逸。二〇一二年，香港插畫師協會邀請設計師周少康以手繪插畫為題做講座，他通過一位攝影師朋友聯繫到大勇：「他找我做『神秘嘉賓』，其實我不太想出席公開場合，不過，最終也答應了。」

講座在九龍塘生產力促進大樓舉行，大勇名副其實是嘉賓，來去匆匆，卻把他和周少康聯繫起來。周知悉他對電腦操作所知不多，便熱心指導他應用社交平台facebook。大勇也嘗試與當代接軌，登記了個人戶口，沒有化名搞鬼馬，務實地以真名字上線。在浩瀚的 facebook 汪洋上出現了「Yuen Tai Yung」這浮標，沉浮漂流，引起同路人的注目：「之後便多了很多人知道我已回到香港生活。」

聚攏過來的既有舊雨，更多是新知，是他從未接觸過的「迷」，即所謂「粉絲」。

對自己作品的優缺他心中有數，但多年來視繪畫為工作，如呼吸般自然，沒細探受眾的反應，直至不同年代的粉絲在 facebook 留下禮讚感言，他意外收到這張遲來的成績表，大家言詞之摯誠熱切，教他既驚亦喜：「開設了 facebook 這幾年，我發現一直以來沒有白做，不少人留意我畫的海報，更有人表示受我影響而加入插畫、設計行業，我想這就是所謂有一點貢獻。」

在虛擬網絡上固然加進了不少「friend」，部分更蛻變成真實的朋友。歷年來繪畫過多少張電影海報，他從未正式點算，在 facebook 認識到收藏電影海報的林家樂後，才從對方的藏品粗略估算達二百張。今天大家已成好友，林是大勇口中的「海報王」。

大勇的行蹤開始浮面。二〇一二年底，個別紙媒邀約他作專訪，回溯他畫筆下的八十年代香港電影，「電影海報教父」之名不脛而走。

友緣：重溫美好八十年代

facebook 平台為個性羞澀的大勇開啟了一道對外的大門。二〇一五年某天，一位似生還熟的人士來叩門，名叫許思維。許從朋友圈及 facebook 平台留意到關於阮大勇的熱議，遂萌生為此君拍紀錄片的想法。

許思維是許冠文的兒子，大勇與許家隔代結緣，令故事更添傳奇。許思維執導的紀錄片《海報師：阮大勇的插畫藝術》於二〇一六年十一月公映，縱是電影界一員，能從幕後走到幕前，更成為影片主角，大勇造夢也沒想過。翌年七月，該片入選西班牙巴塞隆拿維克電影節，更榮獲評審團大獎。

二〇一七年秋以還，大勇隨許思維遊走內地多個城市，出席影片交流活動。與許氏兄弟的情誼跨越兩代，一段半生緣。細細點算，一九七五年因製作《天才與白痴》宣傳品而首次與許冠文見面，直至二〇一六年，雙方僅見面四次，現在聚頭的機會反而更多。至於許冠傑則多一點，四十年來曾見面七次，最近一次是二〇一六年到其演唱會後台探班：「我和許氏兄弟一直沒有聯絡，兜兜轉轉，繞了個圈，又與其第二代做朋友，人生真的很奇妙。」

人生高潮浪接浪，紀錄片公映的同時，大勇獲香港電影金像獎頒授專業精神獎，肯定他對業界的貢獻。領獎時，他首先感謝當天他主動聯繫、自薦繪畫《半斤八兩》海報的許冠傑，隨後是許冠文，再之後是新藝城的開山成員麥嘉、石天、黃百鳴、泰迪羅賓、施南生及曾志偉。他與這群八十年代的新藝城舊同袍，早於前一年已久別重逢。

許思維以大勇為題拍攝紀錄片，影片入選西班牙巴塞隆拿維克電影節，獲評審團大獎。

許冠文（右一）、麥嘉（右二）及高志森（左二）齊集百老匯電影中心，支持許思維（中）和阮大勇（左一）的《海報師》放映。

二〇一六年四月，香港電影資料館舉辦新藝城影業的專題節目，大勇獲邀參與。開幕禮上，他與闊別四分一世紀的舊同事重聚，包括新藝城的三位老闆及歷年來多位公司的中堅分子。看看當天的幼童光頭仔，今已蛻變成體格魁梧的大男孩，截然是歲月如流的明證；大家無疑蒼老了，難得個個精神健朗，別來無恙，能夠再聚首，就是美好。

畫緣：鬼馬圖像再現江湖

facebook 的大門開啟後，湧來各方回應、呼喚、邀約，大勇的生活起了一百八十度轉變，一而再出現生平的第一次，包括拍片、獲獎及辦畫展。向來醉心繪畫李小龍的形體動作，重拾畫筆後，他畫了多幅李小龍畫像，後來與周少康分享，雙方生起舉辦畫展之念，並邀請多位插畫師參與。「光輝四十——李小龍主題畫展」於二〇一三年七月舉行，是全球首個以李小龍為主題的畫展。

有過上述聯展的經驗，及至二〇一六年八月，大勇應邀舉辦了他與畫結緣半世紀的首次個展——阮大勇五十年作品展。除展出新舊畫作，更特別製作了李小龍的雕塑，由平面到立體呈現偶像的風采。

那個久違的「忙」，又隱隱約約在生活中出現，不過，他仍持續繪畫，差不多天天

「光輝四十——李小龍主題畫展」上，大勇與參展畫家周少康（右一）、袁樹基（右二）及李小龍會會長黃耀強合攝。

都畫，已成習慣，為興趣而畫。回流後，他曾為一款遊戲機繪畫海報，但從事商業繪畫的興趣始終不大：「一來很辛苦，二來對生活環境改善不大。若我對內容感興趣，不會太複雜，能力應付到，又毋須趕工的，我才會接，很多時我都是推卻的。」

二〇一四年，當「李玟×趙增熹慈善演唱會：歡樂今宵」的海報繪畫邀約來到時，有感畫筆鏽跡斑駁，第一念也是婉謝的：「我不想畫，他們表示李玟很喜歡《半斤八兩》海報，希望我能畫出類似的構圖。我訝異：他們對《半斤八兩》海報竟然那麼有印象！」最終便答應繪畫。

該海報採用對稱構圖，筆觸寫實，並為人物點染生鬼綴飾。海報懸於港鐵車站燈箱作為宣傳廣告，大勇的簽名式風格躍然，極富感染力，瞬間喚回那些年交織人味與歡欣的老調兒，聽得入耳的實非一人，即所謂集體回憶。隨着曝光增加，繪畫的邀約紛至，人情難卻，他亦屢屢動筆，作品散見於雜誌、影展特刊，以至電影海報。

彷彿回到當天歲月，卻始終是「彷彿」：「自娛性質的繪畫，有不少滿意之作，但商業繪畫，滿意的作品仍未出現，只能盡力啦！」不管如何，那個「盡力」的身影，看官還是感受到的，「專業精神獎」實非徒具虛名。

如他在頒獎台所言，演說非其專業，繪畫才是，當刻的致謝確實帶點忙亂，未能盡意。沉澱兩月，細細回味，他有更入心的感言：「專業精神獎是我生平得到的第一個獎，我好鍾意，其他獎我並不稀罕！」

二〇一七年大勇榮獲香港電影金像獎「專業精神獎」。

九、幾闋金句 走過無憂人生

金公主院線於八十年代屢創驕人業績，
尤其麾下新藝城出品的影片，
迭破票房紀錄，
慶功宴接二連三，
此起彼落。
阮大勇於一九八一年加盟金公主，
見證其一頁頁輝煌史，
惟性格使然，
他多屬遠觀，
沒有走進人群中搖旗吶喊：
「那時差不多部部戲都搞慶功，
但我很少出席，
一來怕應酬，
二來，有時間亦情願畫下畫。」

手汗加口吃　致性格內向

害怕應酬，源於個性內向；而內向的個性則由成長歷程塑造，生理問題是其中一環。大勇遺傳了母親手汗多的問題，故迴避與別人握手，影響他出席社交場合的意欲，同時受口吃問題困擾，未能侃侃而談：「小時候見到鄰居有口吃，我去模仿，學着學着自己都變成口吃，情況挺嚴重，令我變得內向。近十年我沒有刻意去改，口吃卻改善了。」

認識大勇的朋友都體會到那改善。時至今日，他未至於伶牙利齒、口若懸河，但談吐不失淡定暢達，勝在實話實說。回溯人生歷程，他鮮有長篇大論，不過，對事情的因果、個人性格特質，總能扼要地概括，對自身的際遇、處境有透徹了解；縱是外省人，但長年累月說廣東話，話語間亦不乏到位、傳神的用詞，從本書的內文記錄可見一斑，於此再羅列若干：

關於人生

——我成世人都係好被動嘅！

——我有一百斤嘅力，但選擇做只需八十斤力嘅工作，人就可以舒服啲。我呢一世人，唔會好夾硬去挑戰難度，令自己好辛苦。

——我從來都唔會參加比賽，因為我嘅性格唔鍾意同人比較，唔鍾意宣揚自己。

——被動性格係生成嘅，但我好感激有畫畫嘅天份，否則唔知做邊行好！

關於工作

——我有責任心，交足貨，唔蛇王，打工我係好成功嘅！我係一個好老實嘅人，但唔會畀人蝦。做人老實唔一定會蝕底，撞到識貨嘅人就唔同。

——我唔希望做一份力不從心嘅工，否則累己累人，我鍾意做嘢輕鬆啲。壞方面，我係冇奮鬥心；好方面，在能力範圍內我會努力去做，對得住老闆。

——處理辦公室嘅人事問題，間中有難度，畢竟人人諗法唔同。但同我合作並唔難，我唔會吹毛求疵，當然，你哋亦唔好太過份。

——廣告公司出咗名無收工，但我可以準時返工，準時收工，我嘅手下都一樣。

關於個性

——我好相信性格決定命運，當然針無兩頭利，我隨遇而安，就冇咁辛苦，不過我工作好勤力，亦快手！

——凡事都係，要識得喺咩環境做咩嘢人，困難一定有，重點係自己要諗辦法解決。我唔蠢，亦唔係好醒目，不過我識得喺咩環境做咩嘢人。

——凡事我都要講道理，小小蝕底我係肯嘅，但你唔好太過蝦我，我係唔得嘅！我係果種「你好，我就更加好」嘅人！

——我有學過設計，或者上天註定我行呢條路。即使做到好熟，總有困難，最緊要係解決到；叻就解決到，唔叻嘅就卡喺果度。

——對高級嘅，我會揸正嚟做，對低級嘅，我唔會吹毛求疵。我最唔鍾意高級過我但無料果啲人。

關於畫畫

——我係天時地利人和造就。不過，到今時今日喺插畫界我仍然有咁嘅地位，實在唔係靠呃呃下人嘅！我好感謝剛剛碰到咁嘅時代，又剛剛有咁嘅機會。

——畫海報，如果唔係好趕，痛苦嘅時間唔會好多。因為做到明星嘅，一般都比普通人有型啲，尤其我鍾意畫人像，畫起嚟好有趣味，開正我果瓣。

——雖然我鍾意畫畫，但係對於藝術史，我只係一知半解，可以話唔係瞓身落去。

命裏有時終須有

黃昏綻放的雖曰餘暉，但光茫之璀璨、色彩之多變，實較日正當中更奪目迷人。大勇認同人生轉變難料，部分說起來恍若趣話：「我自小就是單眼皮的，到了三十多歲，竟然慢慢變成了雙眼皮，真的很奇怪！」

除了儀容的轉變，性格的變化更明顯。如前述，他在影片公司任職時，周遭縱有熱鬧的聚會，礙於不擅交際，他傾向避席。及至從新西蘭回流，人生恍若翻開新章，創作與生活都起了變化：史無前例的躍身鏡頭前、繼而踏足頒獎禮舞台、開辦個人畫展……

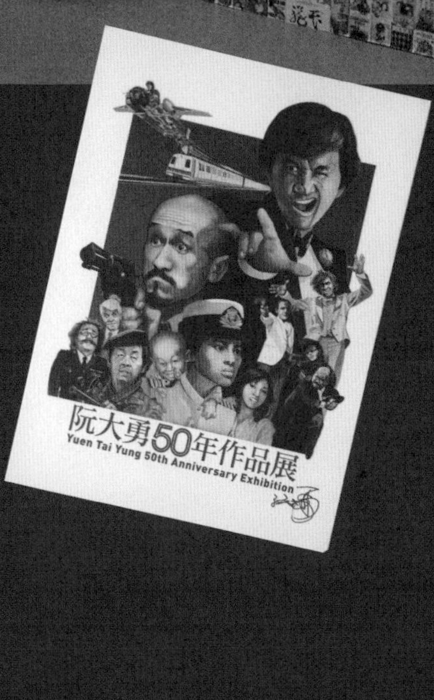

「阮大勇五十年作品展」會場入口，展示大勇歷年的海報傑作。

二〇一七年六月舉辦的「阮大勇星光魅影畫展」。

過去數年大量接受媒體訪問，曝光率之高，已屬「紅人」。由隱至現，亦是突破：「起初我不會接受電台、電視訪問，怕突然出現口吃，很失禮。現在情況改善了，若有時間，我都會接受訪問。」近十年的種種轉變，多少屬意料以外，並不是由他強行營造、刻意推動，一如既往，「被動」地隨順因緣而走。對於命運這回事，他還是說：「『命裏有時終需有』，我是個好被動的人。」

二〇一八年三月，大勇在赤柱開設了畫廊「海報師」，及至四月下旬，又向外公告了與許慧韶的婚訊。「命裏有時終需有」，話雖如此，看他邁出了不一樣的步伐，顯見伴隨他多年的被動個性，已起了微妙的變化。

畫廊位於赤柱，大勇途經時偶遇，一見傾心。店外有一片休憩空間，雅緻寫意。

大勇首家畫廊「海報師」，於二〇一八年三月二十日開幕，內裏展示多幅他近年繪畫的寫實人像。

十、再婚之旅：突破被動，摯誠打動

阮大勇言談間時有吐露：
「我成世人都是被動的。」
雖云是處世之道，
但也有例外，
像繪畫海報，
雖則大多屬別人邀約、
流到眼前的任務，
但能夠堅執地畫出水準，
顯見被動中的主動。
人生走了70多年，
來到這一站，
他再度主動發力，
圓滿一段緣。

給大家一個驚喜

二〇一八年四月二十日，大勇在 facebook 貼上溫馨合照，他與一位短髮女子穿上華衣禮服，立於莊嚴的背景前，相依相偎，一臉幸福美滿。他和許慧韶締結良緣的喜訊，就這樣不動聲色地公告：「我想給大家一個驚喜，除了我倆，全世界都被蒙在鼓裏，好興奮又刺激！」

他原以為晚年的生活是平靜甚至帶點乏味地度過。「二〇〇七年太太過身後，我已經六十六歲。回流香港後，有朋友戲稱甚麼『紅袖添香』，但我從未想過找尋伴侶，心想和兒女一起生活就是了。」一枚不知從哪兒投來的石子，令平靜湖水泛起微瀾，出現一彎彎向外擴散的旖旎弧線，稱作漣漪，原是那末美麗。

這段姻緣有逾三十年的歲數差距，能獲許小姐接納，大勇費過一點力，有別於他向來的「被動」。但他認為這並非一般的主動，而是自然流露：「追女仔總是要主動的。」想當年，他寥寥幾筆已把《追女仔》的電影海報勾勒出來，生鬼傳神，但談情說愛，並非他所長，縱手握繪畫「必殺技」，但「追女仔我唔叻，因為性格內向，是追不到的」。

緣來自有方，追溯起來，回到二〇一六年十一月。許思維以大勇繪畫海報的經歷為主軸所拍攝的紀錄片《海報師》公映，之後，其父許冠文參演的電影《一路順風》載譽獻映，他更獲金馬獎最佳男主角提名。兩片在港公映時，均商借了一家酒店進行宣傳活動，而許慧韶正是這家酒店的公關。許思維較大勇更早便認識許小姐。

《海報師》牽的緣

《海報師》在百老匯電影中心首天放映時，許思維邀請了許小姐前來欣賞。她當天與同事、好友聯袂觀看，惜大勇因眼睛敏感病發，無法出席與觀眾會面，和許小姐就此緣慳。湊巧伴同許小姐一起欣賞影片的同事也是寧波人，和大勇屬同鄉，看罷影片備受感動，希望能認識這位「海報師」。許小姐便膽粗粗透過 facebook messenger 嘗試代為聯繫，此間雙方只限於線上作初步溝通，未嘗一見。

許小姐藉 facebook 替該同事邀請大勇於二〇一六年十二月廿六日往南丫島，品嚐其下廚炮製的寧波美食。「這始終是他們年輕人的節日活動，我一口便推卻了。」個性羞澀的大勇慣性地後退一步，但許小姐盛意拳拳，反建議把造好的菜拿到大勇居所的管理處，「她請我再三考慮，並給我十天時間，然後再通訊。實在盛情難卻，我便與女兒連同兩個朋友一起入南丫島。那夜的飯聚是我首次認識許小姐。」

往後雙方仍以 facebook 溝通，網絡上的間距，反讓大家有適度空間暢所欲言，過了一段時間才相約茶聚：「第一次飲茶見面，我已對她生起好感，但大家的年紀畢竟相差太遠，心想做做朋友，聊聊天也可以吧！」雙方的關係是慢慢地維繫，帶點上一輩人的含蓄、低調，雙方約會不外飲茶逛街，到文化中心看電影節。「我心想，能夠更進一步就好了，但她視我如父親，這只是夢想。」

大勇較許小姐年長三十一載。所謂忘年戀，總招來銳利的世俗眼光，其中一雙潛藏於當事人心內。交往過程中，大勇的愛慕情意漸次流露，許小姐亦意識到，心下七上八落，驅使她悄悄後退，雙方關係泛起暗湧。

許小姐於七月五日生辰，她選擇與友伴慶祝，令大勇沒法子相隨。期間大勇隨《海報師》赴西班牙參展，越洋相隔，聯繫更淡，即使 facebook 交往也冷卻下來，雙方關係陷進低潮期。「許小姐最後給了我一個日期，於九月九日見面飯聚，名目是補慶祝她生日，其實已隔了兩個月，可見關係多麼疏離。」過後大勇努力修補，把關係拉回正軌。那天，大勇飯後喝了他人生的第一杯咖啡，因為許小姐囑咐他凡事都要多嘗試，不要事事抗拒。

之後，他們逢週末便到維多利亞公園閒逛，花前樹下，移景入畫：「她沒有學過寫畫，但有審美眼光，我便提議教她畫畫，其實想藉此機會多些見面。」眾人口中的「阮老師」終有入室弟子，稱呼由虛變實。

不如試下拍拖

二〇一八年一月廿一日，雙方交往一年多。他們又來到維園，這天傍晚，周遭的氣氛格外怡人，眉月當空照，大家談得特別興起，大勇提出：「我們不如試下拍拖？」許小姐表示大家不是已經交往嗎？大勇坦言那當然有分別，並表白：「若你願意接受，是我的福份！」此前，他們走的是平行路，中間有距離，手也從未碰觸。最終，平行路來到交接點。

大勇眼中的許小姐，是事業有成的在職女性，樣貌標緻，別具個性，不乏追求者：「她是不容易追的，她願意嫁給我，可說是不可能發生的事，相信是我的真心誠意打動了她。」二〇一八年四月二十日，他們沒有對外張揚，攜手到影樓拍攝了婚照，藉此以照片公告各方，尤其考慮到許小姐的父母或心生抗拒，便借此「先斬後奏」方式讓他們知悉並了解他倆的決心及誠意。

二〇一八年四月，阮大勇與許慧韶拍攝了婚照，並貼在社交平台，低調地向一眾友好送上驚喜。

大勇形容他倆的結合，是上天安排的姻緣。

驚喜獻上，友好的回應相當正面，祝賀紛至。當然，面對約定俗成觀念的衝擊是他們預期之內，畢竟婚嫁這回事，並非一加一等於二，涉及背後兩個家庭的成員，一對新人縱有相當閱歷，也別無二致。一如所料，男女方的家人對這個頗為突然、略顯不一樣的關係，未能瞬間接受過來。大勇努力解釋、疏導，最終得到雙方家人的理解。

自新西蘭回港後，能和眾多素未謀面的粉絲連線，大勇感謝 facebook 無遠弗屆的力量，而這次與許慧韶締結情緣，他再次讚賞這摩登的社交平台：「想當年只能搖電話邀約女孩子，機會渺茫，facebook 卻可以交流很多信息、想法，沒有它，大概我與她連朋友也做不成。我太害羞了，怎可能有勇氣直接邀約她呢！如被拒絕真的很尷尬。」

整段再婚之旅，由啟航到抵達目的地，看到大勇的主動進取。他承認近年慢慢走出內向的個性框限，但對這次旅程，他覺得：「和我的人生經歷是一樣的——這段關係是緣份，是上天安排好的。」他更從命理卜卦方向作印證，聽他興奮地分享這些逸趣，一切盡在不言中。誠如他的繪畫造詣，這是上天給他的另一份禮物。

縱有年齡差距，
通過網絡社交平台連線，
加上真心誠意，
兩顆心終緊扣一起。

第二章

繪畫創作

一、最愛畫人像，亦只畫人像

阮大勇的追隨者、
崇拜者都愛暱稱他「阮老師」，
如此呼喚，
充滿親切感和敬意。
大勇歷年來繪畫數量繁多的作品，
啟發過不少人，
「老師」之名絕對擔得起。

話雖如此，他卻從未站於教壇前沿授課，也從未師承誰或師從誰，充其量在中學時跟美術科老師做點不專業的描摹習作，零零落落，瑣瑣碎碎。時至今日，若你請教他怎樣能把畫畫好，他會務實的說：「於我而言，主要靠觀察別人的作品，結合個人發揮；畫畫沒有秘訣。」並非要「教剩兩招」，說的都是經驗之談，只因「我是自學的」，精湛到位的畫功乃歷經磨練的成果。

戶外寫生　心生抗拒

相對於人生歷程的被動取態，大勇的繪畫生涯卻相當主動。數十年的畫藝人生，此間他會不偏不倚的告訴你：「我最愛畫人像，亦只畫人像。」說得仔細點，是鍾情繪畫人物的頭像而非全身像。

人臉部神經與肌肉的精巧結合，把喜怒哀樂由淺至深展示出萬化千變的相，大勇正愛捕捉這微妙的表情變化，既可細描，又能把它們傳神的誇張，博君一粲，卓然成家。大勇接受一九九〇年八月十六日第九期《影藝》半月刊訪問，文章引述他的話指出：「（我）較喜歡畫明星的大頭，因可畫出人的七情六慾。」

一九九〇年八月十六日第九期《影藝》半月刊推出的「海報設計出英雄」專題，大勇是其中一位受訪者，淺談繪畫電影海報的苦樂。

海報設計出英雄

阮大勇

三歲定八十，幼童期在祖屋的牆壁、門戶上塗鴉，說不定已有若干人像。父親既精於書法，亦能寫畫，母親則手工藝了得，他遺傳了雙親的天賦造詣，由小學的美勞課到中學的美術科，他都表現優異，名列前茅：「當時美術堂所畫的，多屬臨摹性質，照樣辦畫，偶然亦會對着標本素描。」後來獲拔尖進入課餘的美術班，便高級一點，開始面向石膏像練習素描。這些均屬於基礎訓練，樣樣有一點，從中他選擇專攻人像，固然有興趣的成份，亦涉及個人心理以至生理因素。

從小鍾愛繪畫，只因：「畫出來的東西獲別人稱讚：『個細路仔畫得好好喎！』加上老師亦讚賞，知道自己有這個天賦，興趣就更大。」掌聲帶來鼓勵，但個性羞澀的他卻抗拒在人前做秀。美術課偶爾安排學生到戶外寫生，畫畫老樹，描描街景，對他而言卻是苦差：「我很怕到街外寫生，因為周圍有很多人走來觀看，到現在我仍然不習慣。」

心障以外，還有生理一環。從小他便患上近視，礙於家貧，遲遲未有機會佩戴眼鏡，寫生卻要描畫一定距離外的景觀：「只見眼前景物相當矇矓，很辛苦。」直至中二，他才首次佩戴眼鏡，已是一副六百度的近視鏡，因度數太深，無法一下子適應，遂降至五百度。往後近視持續加深，及至南下香港，投身職場，最高峰曾達一千二百度。十多年前動過白內障手術，更換了晶體，近視下調至二百餘度。可見前半生的視力都遜於人，猶幸純粹自學，毋須強制作戶外寫生，亦因而與風景畫絕緣。

戲曲迷愛畫伶星像

繪畫是大勇早年的頭號興趣，繼而發展為職業。排除了這項養活他的技能，他最投入的嗜好是欣賞地方戲曲。青少年期居於上海，興趣已養成，來港後亦未減：「我曾經是上海越劇和京劇的戲迷；畫海報的日子，就是一邊聽着越劇或者京劇來畫的，即使廣東大戲也聽，特別愛聽南音。」

一支畫筆正把這兩項興趣糅合——年輕時他酷愛畫伶星人像，在戲裝、配飾映襯下，伶星七情上面，充滿戲劇玩味，畫來樂不可支。南下香港後，看了不少西片，眼界大開，繪畫對象亦由伶人拓展至心儀的荷李活明星，難得的工餘時間，常常消磨在繪畫這些影星人像中。

青少年時代是繪畫的起步階段，一切未成形，即使人像也畫得蕪雜。譬如他曾替鄰居畫過拳譜，勾畫中國拳的招式套路，聚焦在肢體動作，有別於他往後主打的頭像。大勇於五十年代初在上海讀中學，時值解放初年，風格激昂雄偉的蘇維埃先鋒派藝術（Russian Avant-Garde）開始滲進群眾的生活，大勇便曾繪畫史太林像：「當時滿街都是工農兵的繪畫。美術老師曾在課堂上介紹蘇聯繪畫大師列賓（伊利亞・列賓，Ilya Repin）的一張歷史畫，是非常撼動人心的作品。」

當修畢初中而無法考進高中時，鍾情人像的大勇曾留意街上替人「畫相」的攤檔，擬想以此為業。畫師依據編格放大的方式，把小照片放大，繪畫成大幅人像，工作本來挺脗合他的喜好，偏偏他很抗拒「編格畫畫」：「我小時候曾試過『畫格仔』來繪畫，很快便捨棄，現在更反對用這種方法協助畫畫，因為無法鍛煉到畫功，亦沒有滿足感。」

大半生繪畫人像無數，不管漫畫化或寫實造像，他從來沒有編格繪畫。基於並非

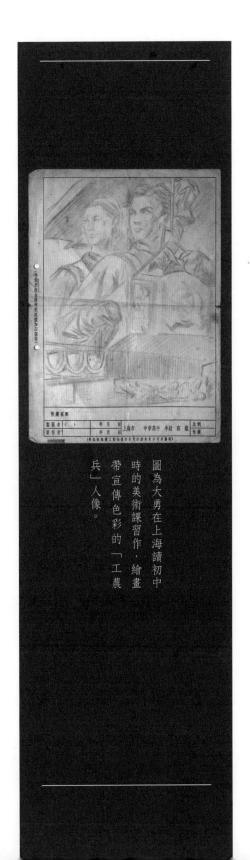

圖為大勇在上海讀初中時的美術課習作，繪畫帶宣傳色彩的「工農兵」人像。

學院派出身，毋須規行矩步，可按個人習慣的模式繪畫人像：「我一直都是依據照片來畫，也試過對着真人模特兒描素，但不多於十次。」

海報人物妙趣橫生

一九七五年設計及繪畫《天才與白痴》海報，是大勇首個電影海報創作，翌年再完成備受好評的《半斤八兩》，一條手繪電影海報的道路由是打開。往後的海報繪畫歷程，畫的悉數是劇情片，更主力喜劇，由諧趣功夫片到都會喜鬧劇，人物總歸是焦點，他們嘻笑怒罵的誇張表情、古靈精怪的肢體動作，在他的筆下獲得美化、深化，以至進一步諧趣化，活潑靈動，起昇華之效。

在持續的摸索和實踐中，他畫出了風格，創造簽名式的筆觸。除了漫畫化手法，他亦會因應劇種選用寫實手法繪畫，屢屢交出佳作。

對於電影海報的取材、佈局和構圖，大勇有其宗旨，深信一張臉的力量：「主要以人物大頭來吸引人；對觀眾而言，明星的頭像是很有吸引力的，如果是偶像演員，我會把其頭像盡量畫大一點。」雖云男女平等，畫着畫着卻不經意地形成了差別，新藝城的主事者便曾帶玩笑的提出要求：「阮大勇，可不可以在女角上花多點心機呀？」作為當事人，他是知道的：「我承認，自己畫女角不如男角般好，因為他們的電影以男角為主，於是花在女角上的力度便輕一點。」

在西方世界，高雅藝術以外的普及天地，人像繪畫各適其適，譬如散見於歐美報刊上的政治漫畫（Political Cartoons），把嚴肅的政治人物或事件，以漫畫化筆觸帶出諷刺效果，構成獨特的類型。一九六六年加入美資格蘭廣告公司，直至一九八一年告別Malcom Glenn 廣告公司（後被 JWT 廣告公司收購），十五年的廣告美術歷程，大勇有機會翻閱大量外國的美術專著，緊貼西方美術新潮，拉闊了眼界，結合努力實踐，讓設計、繪畫邁向新境界。機緣巧合下，他試以漫畫手法勾畫維肖維妙的卡通式人像，終成一家之藝。

由觀察、擷取、糅合到再現，他沒有搬圖過紙，而是融匯貫通，經消化後再創作：「通過觀察，不知不覺間吸收。我不會刻意找別人的海報參考，而是憑直覺創作。繪畫風格的確會受別人的影響，但我不會刻意模仿誰的作品，我從未聽過漫畫界的朋友說：『阮大勇的風格是模仿某個人！』」

阮大勇專攻人像畫，與海報創作相輔相成，卓然成家，旁為《最佳拍檔》原稿。

二、確立喜劇海報的漫畫造像

2015年12月5日，
一個陰冷的午後，
兆基創意書院某個課室內擠滿畫迷，
靜候由電影文化中心主辦的
「從阮大勇看香港電影海報的發展」講座開始。
在主持人盧子英帶引下，
大勇殷切地分享海報創作二三事。

一九九二年，盧氏主編的《香港電影海報選錄：1950's-1990's》一書，已介紹大勇的多幅傑作。是次講座他扼要的指出：「大勇兄最拿手把人物的特徵以漫畫化手法演繹出來，他不僅沒有醜化，甚至超越了美化，通過突出其特徵而塑造出一張新的面孔，畫法縱然不寫實，但你依然認得出那位演員，這是最厲害之處。」

憑空構思「天才」與「白痴」

大勇既非漫畫迷，也沒有受過卡通片的洗禮，但從一開始他便採用漫畫化手法創作電影海報，把影片主角塑造成卡通人物般，一切看似信手拈來，實則有其理據和發展脈絡，細考下來，得承認他眼光獨到。

大勇在外資廣告公司任職經年，早已涉獵大量西方世界的美術書籍，較新穎、富趣味的繪畫手法已在他腦中植根。在格蘭廣告公司任職期間，一次因同事獲調派到日本的分公司，他代表公司製作紀念卡贈予對方，靈機一動，從「好玩」出發，把同事的人像畫成卡通樣式。

當公司同事在卡上留言簽字時，對畫作紛予好評，啟發他朝這方向發掘。及至加盟施養德的公司，為許氏兄弟的電影《天才與白痴》製作宣傳品時，作為許氏兄弟的觀眾，大勇獲悉影片也是延續《鬼馬雙星》的風格，屬鬧趣喜劇，他決定把已趨成熟的漫畫化繪畫方式派上用場，為日後的海報創作打開新途。

《天》片海報的創作與製作，與他往後的作品截然有別。製作上，海報的結構簡單，他主要繪畫中央的主圖便成。至於創作，擬草圖時，影片固然未得一睹，劇照也欠奉，他只能憑空想像：「草圖的意念由我、施養德和關鑑銘一起構思，把兩個主角人物塑造成『天才』與『白痴』形象。之後我參考了許氏兄弟平日的照片，勾出樣辦稿，交他們過目。」草圖獲通過後，他才取得劇照，從中揀選合適的造型，完成正稿。「整幅海報的構圖沒有改變，只是細節按劇照繪畫。」

處理兩個卡通化的人物，顏料素材上他選用了防水的彩色墨水，配合顏色鉛筆。正稿完成後，便送交許氏，再拿到印刷廠印成海報。當時沒有保存原稿的意識，正稿便去如黃鶴，人間蒸發，今天大勇保留的僅是黑白勾線圖原稿。

《天》片乃一九七五年港產片的票房冠軍，縱沒有科學數據來量度，但悅目的海報作為主要宣傳品，總歸有一點功勞，更重要是這作品為本土電影海報創作翻開新章，奠定了新的形式與審美觀：「很多人都覺得《天才與白痴》海報那種風格是有新意的，亦認同卡通化手法很適合繪畫喜劇片的海報。」

卡通造像閃亮七十年代

翌年，大勇自薦為許氏兄弟的《半斤八兩》繪畫海報，高度發揮手繪海報的魅力。相對於《天才與白痴》，《半》片屬誇張寫實手法，但畫面氣氛鬼馬，角色形象突出。緊接的《賣身契》再次展示漫畫化手法的魔力，人物之間有更緊湊而富幽默感的呼應，細節豐富。同期的另一幅《發錢寒》，則注入戲劇性，風趣抵死，為錢財瞓身一拚的故事主題躍然紙上。

一九八一年十一月大勇接受第七十三期《電影雙周刊》訪問時，亦舉《發錢寒》為例：「和影片公司商量後，決定大膽作一些加工。」那就是以大額鈔票作背景，上方洞開，許冠英把吳耀漢吊下，讓他能伸手撿拾炸彈上的寶石。「這鏡頭在影片中當然不見，但這樣畫出來，卻更富喜劇效果，並鮮明地點了題：這兩人發錢寒。」大勇嶄新的海報設計及繪畫手法，當時確教人眼前一亮。

回溯七十年代中以前的香港電影海報，製作上有兩大方向：組合照片、手繪人物。照片一般經褪底後再拼合到底圖上，頗見粗陋，偶有配搭手繪圖案，卻往往未能有機結合，同時，照片雖傳真，礙於印刷技術，難言悅目。至於繪畫的作品，相對更漂亮而富氣勢，手法傾向正統，多選用類近油畫模式的寫實畫法。

然而，上述的處理方式長年累月沿用，看多了難免膩，所謂「新」，是相對於「舊」，中間並沒有絕對的高下之判。只是，對娛樂事業而言，新意總歸是引人入勝的：「過去以油畫方式繪畫的電影海報，畫功是好好的，但風格舊派一點，這多少與當時的生活環境有關，畫家較少機會接觸西方的美術潮流。」任職廣告公司期間，大勇汲取了大量外國美術潮流信息，有機地糅合到海報：「當時人看來，我所畫的確實耳目一新。」漫畫化手法成為他八十年代海報創作的主軸，間或依據不同片種而選用寫實的繪畫法。

大勇仍保留《天才與白痴》海報主圖的黑白勾線畫稿。《發錢寒》海報把漫畫化手法發揮得淋漓盡致，畫稿內容既呼應影片主題，又能突破劇照框限，別具心思。

手汗問題大　純用塑膠彩

倘若潔白的畫紙是大勇的舞台，那麼，他就是一位實力派演員，沒有花巧的綴飾，亦不賣弄奇技，按片種落筆，賦予脗合的冷暖色調。顏料選用也實事求是，多年來均選用塑膠彩，間或輔以顏色鉛筆：「差不多每張海報我都用這兩種素材，有段時間全部用塑膠彩來繪畫，用得好純熟。」

對塑膠彩情有獨鍾，也涉及生理因素：「我不能夠畫水彩，因為手汗很多，滴到圖像會把顏色溶掉，所以選用非水溶性的塑膠彩；塑膠彩乾透後，即使遇水也不會溶化。」防水的塑膠彩為他打開繪畫的新天地，一如既往，他並無拜師學藝，純粹自行摸索：「很多人把塑膠彩當作油畫來畫，我則當水彩來畫，手法並不正統。但我覺得沒有所謂，只要畫出來的效果好就可以了。」

對塑膠彩懷抱不變心，細審其作品，也有零星噴畫痕跡。選用噴槍作畫非為追潮流或貪新鮮：「噴畫主要作為輔助，目的為加快速度，細微的圖像我不會用噴槍畫，主要用來噴背景，較手畫快，亦更加均勻。」以噴畫方式完成的海報作品僅屬偶一為之，數量不多：「印象中，《靈氣迫人》大部分是以噴畫完成。」

同樣是漫畫化的繪畫法，細微觀察，會發現兩種不同的模式：其一是描畫精細，筆觸絲絲入扣；另一則是先勾出黑色線條，再填入顏色，效果不如前者富立體感，呈現圖案化的平面格局，像《追女仔》、《大小不良》等。這類勾線畫作佔其作品比例不多，每每源於映期迫近，為權宜計，選用這種較省時的方法，話雖如此，當處理得宜，效果亦不遜色，同樣鬼馬生動。

進入八十年代，大勇持續創作繪畫，雖云職業性操作，紙來筆揮，但作品仍見靈光，畫功細緻入微。以漫畫手法繪畫的作品尤為看官激賞，勾出一個個經典造像。如為洪金寶多套拳腳功夫片繪畫的人像，維肖維妙，其後的《A計劃》和《快餐車》，則成功模塑成龍、洪金寶、元彪三師兄弟的喜劇形像，人物的體態誇張搞笑，頭像栩栩如生，風趣依然。他為新藝城賀歲皇牌「最佳拍檔」系列繪畫的多張海報，突顯King Kong（許冠傑飾）與光頭佬（麥嘉飾）的多個神氣造型。八、九十年代之交，他也為周星馳畫下經典的人像，捕捉到冷面笑星的小子幽默。

和他筆下的漫畫化人物相映成趣，大勇個性沉實、不愛嬉戲。受成長歷程影響，加上手汗嚴重，兼有口吃，與人握手、交談也是艱難任務，個性益見內向。「手汗和口吃對我影響很大，以至掩蓋了我的真性情，不過，畫畫期間反而畫出了內心生鬼的一面；若果我的個性真是百分百內向，是畫不出這種生鬼的畫。」

在不同場合，大勇都謙遜的表白是天時、地利、人和造就了他。七十年代末諧趣功夫片興起，到八十年代都市喜劇成為主流，確為他提供大量發揮機會，不過，重點是他能夠抓緊機遇，用心灌溉，終開花結果。喜劇圖像是他作品的焦點，但同一天空下，他其實畫得更遠更闊。

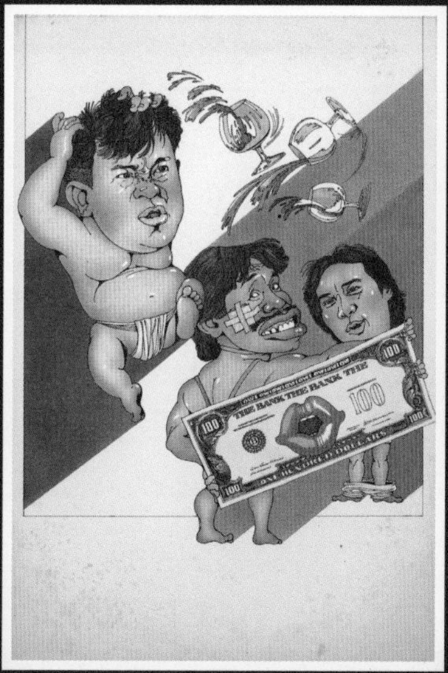

（上）《小生獻醜》以先勾線後填色的繪畫方法，較省時間，卻無損趣味；（下）《A計劃》則以細緻的筆法繪畫，人物經漫畫化的誇張處理，但臉容依然傳真。

三、功夫片海報畫出中國風

阮大勇並非漫畫迷，
卻以漫畫化的海報作品著稱；
自言不懂英文，
畫作卻深受西方美術潮流影響。
父親阮陽生是書法家，
大勇的畫作卻鮮有流露中國味，
除了七、八十年代之交所繪畫的幾幅功夫電影海報，
數量不多，
卻教人津津樂道。

父親醉心書法，卓然成家，其中一位知音人是麥嘉，當年他邀阮氏寫下「奮鬥」及「長江後浪冚前浪／一代新人葬舊人」兩張墨寶，懸於工作間自勉。大勇卻沒有追隨父親習字：「父親在書法上很有天份，對我來講，寫書法比畫畫難得多。雖然我也練過字，但寫十來分鐘已覺悶。寫書法沒有多少創新的餘地，畫畫則精彩得多。」依稀記得，父親懂寫畫，卻不常見他揮筆，至於自小愛繪畫的大勇，更從未拐進水墨畫的天地。

把程十髮畫風融入海報

替嘉禾公司完成《半斤八兩》的海報後，他的作品已獲業界肯定，除了嘉禾陸續給他繪畫海報的工作，其他獨立製片公司的繪畫海報邀約紛至。時為七十年代末，諧趣功夫片方興未艾，他活潑生鬼的畫作與這類型電影十分搭調，其作品需求甚殷。

其時，硬橋硬馬的功夫片仍佔市場一席。一九七八年，大勇接到繪畫《贊先生與找錢華》海報的工作，影片由嘉禾出品。大勇與嘉禾已合作過多次，全屬喜劇，成績有目共睹：「他們提出，這是武打片，問我可不可以試用另一種方式表達，帶一點國畫味道？」雖然沒有研習國畫，大勇卻非門外漢：「當時我開始喜歡欣賞國畫，收到這個指示，便想到國畫大師程十髮，覺得他的畫風可能適合，於是作為參考。」

最終，他循這個方向完成《贊》片的海報，翌年他再為嘉禾完成《雜家小子》及《林世榮》的海報，同樣採用國畫手法繪製，可謂他芸芸作品中的幾株異卉。作為海報，他的手法傾向寫實而非寫意，不流於虛無，實在的勾出片中的關鍵場面，讓觀眾一望而知影片的類型。作品的筆觸帶水墨畫的韻味，色彩呈濃淡遞變的質感，尤其《贊》片背景一角，以濃淡有致的墨色，輕描城樓景致。在國畫筆法的映襯下，海報上具動感的人物造像，剛勁中透出一份輕柔。

同期他沒有再採用這種手法創作電影海報，畢竟諧趣功夫片當道，畫的多屬喜劇人物。不久他便加盟金公主，主力為新藝城繪畫喜劇電影海報。他與新藝城的緣，早結在

《贊先生與找錢華》海報有別於之前的喜劇模式，大勇採用程十髮的國畫筆法繪畫，之後再以類近的手法完成《雜家小子》的海報。

其前身奮鬥公司，公司創業作《新貼錯門神》的海報便由他操刀。《新》片延續電視劇的鬧趣基調，海報亦要同步發放喜戲，大勇從傳統「門神」畫像擷取靈感，加以變奏，把主角招積仔（黃元申）和牛咁眼（陳國權）糅合其中；人像軀體綴以斑爛的圖案，滲透傳統節慶的熱鬧情調，卻不流於老派，帶着現代氣息。

鍾愛欣賞並收藏國畫

縱然沒有繪畫國畫及寫書法，大勇卻愛欣賞，兩類作品他也曾收藏。一九八一年加盟新藝城前夕，爭取到半個月的假期，前往北京、上海旅遊。上海是他熟悉的老家，北京則早已神往，卻從未踏足，選擇成行，亦因為「當時我迷上了李可染的作品，故一心前往搜尋他的畫作。可惜找不到我喜愛的題材，空手而回」。

縱然從事商業繪畫，創作脈絡亦貼近西方的美術潮流，大勇依然帶着中國傳統文人的個性——寧可食無肉，不可居無竹，即使活在繁囂都會的洋樓內，他也為家居添上儒雅之風，把起居室一隅命名「染墨齋」及「三退軒」，並懸起牌匾。受環境所限，那角落既不成齋，也難言軒，但精神可嘉，流露對藝文生活的嚮往，何況背後還有幾段難忘往憶。

當代書畫家李可染，欣賞牛勤懇、願付出，畫作愛以牛為題，更把書齋取名「師牛堂」：「我模仿他們，為工作間起名『染墨齋』；我愛李可染的畫，國畫是以水墨繪畫，而染墨，亦代表文人。」高懸的牌匾是李氏的真跡，當年大勇付出了三千元，通過中間人請李氏揮毫。至於「三退軒」則擷取自畫家黃秋園的「三退」之說，指「退避三舍，退避世俗，退避名利」。起名時，李可染已辭世，大勇只能從李氏墨寶的印刷品中求索，覓覓尋尋，獨缺「退」字，只能以夾字來湊合。一室之內，兩組李氏墨寶，一屬真跡，一屬假中又不失真的拼合體，聽來也是一段風趣的翰墨緣。

（上圖）懸於大勇家的「三退軒」牌匾，三字從李可染墨寶的印刷品選取，加以拼合。
（下圖）大勇以漫畫化手法描畫國畫大師傅抱石的人像，人像旁更畫出翻飛黃葉，模仿傅個別畫作中黃葉舞秋風的意象。

《豪俠》捕捉刺殺一瞬動感

大勇替嘉禾繪畫《雜家小子》及《林世榮》海報的同一年，他也完成了風格迴異的《豪俠》海報。《豪俠》屬古裝武俠片，同期楚原在邵氏開創了新派武俠片潮流，這類型影片嘉禾出品較少，《豪俠》可謂濫觴，續後還有《名劍》、《生死決》。

《豪俠》由吳宇森執導，這是大勇繼繪畫《發錢寒》海報後再與吳氏合作。吳導演是個寡言的人，對海報他相當重視，每一次都邀約大勇出來商討，道出想法，結果兩個說話不多的人撞出了火花。《發錢寒》為喜劇海報帶出新意，《豪俠》則顯現別出蹊徑的匠心。當時吳宇森對海報有如下期望：「海報畫面要有動感，展示一個連環動作：歹角劉江持劍俯衝而下刺殺，劉松仁把韋白推開，救他一命……」

依據導演的要求，大勇注入嶄新的現代手法，畫面帶水墨畫的意境，卻見剛勁與力度，以平面圖像展示影像的動感。為呈現連環動作，他以重影的模式表現武打招式的緊密連接，三個角色在電光火石間交鋒，利刃揮舞、拳來腳往間的氣流亂竄，千鈞一髮間血光閃閃，一一被他細緻地描畫出來，透現俠客豪情對決的淒美。

這幅以現代思路構築，以國畫筆觸成就的作品，在大勇眾多作品中別樹一幟。由繪畫到完成，大勇料不到一位少年人被這作品吸引，以至在腦海內留下深刻的印記：「馬榮成對我說，他很喜歡這張海報，亦表示受到我作品的影響。」觀乎馬氏氣勢凌厲的畫作，亦隱約看到當中承傳與開創的痕跡，無疑是一段優美的彩筆緣。

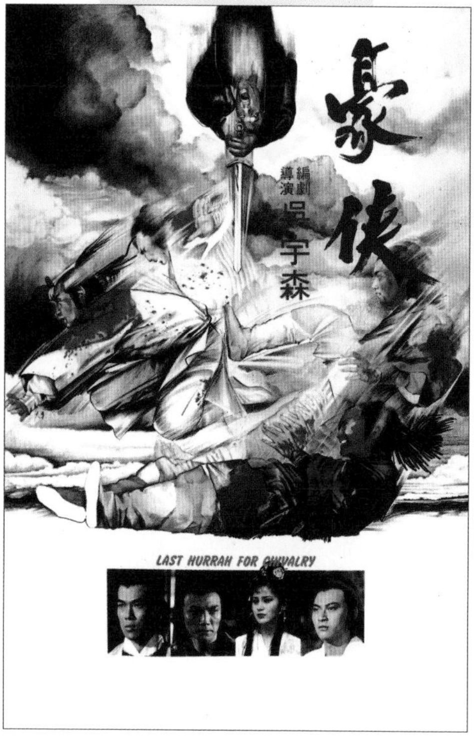

一九七九年公映的《豪俠》，大勇與導演吳宇森一起商議海報構圖，催生這張飄逸、富動感的詩意海報。

四、革新海報格式
創作手法多元

繪畫電影海報屬商業美術範疇，
旨在推銷商品——電影。
阮大勇深明工作性質，
就是以畫像吸引觀眾進戲院，
簡單明確。
他沒有創作團隊進行繁瑣的腦震盪交流大會，
只憑一雙眼、一顆心，
畫出一張又一張精彩的海報。

他的海報由創作到繪製都非常個人：擬定的草圖往往一稿即過，甚少大改；而繪畫上，「每一筆都是我畫的，沒有交由別人代筆。」他揮筆的每張海報，皆是他的作品，看到作者風格。當然，作為一個機構的從業員，周遭總有聲音，而大勇亦非執拗的人，具見地的意見他不會排拒。

港產片海報　變大變摩登

自七十年代末開始繪畫海報，大勇喜愛把背景留白，不添加底色，中央的焦點圖像格外突出，當年影片公司的主事人曾反映：「阮大勇，海報的背景可否不要老是白色呀？」跨過八十年代，海報的背景開始滲進顏色，有機地脗合影片內容，像《陰陽錯》的湛藍，魅影森森，而《最佳拍檔女皇密令》的燙金，則呼應影片的華麗豪裝。

大勇於個人的海報天地馳騁，把構思化作真實，但他並非只埋首自己的園地，當他一抬頭，放眼四方，也會獻上洞見，豐富業界。他早年繪畫的海報如《半斤八兩》、《肥龍過江》等，仍沿用昔日的細號裝潢，面積為二十乘三十吋，那是港產片延續自往昔的海報規格：「海報主要貼在戲院、街外，自然是越大張越矚目，當時西片的海報都是大規格的，於是我向多家影片公司建議加大海報的面積，他們大多接受。」

於是，自七、八十年代之交，嘉禾、新藝城等公司製作的電影海報陸續變大，紛紛以廿七乘四十吋的大規格亮相，與西片看齊，不會給比下去。「回想起來，可能我是最早推出這種大規格的海報都未定！」

變大以外，他還推動海報變摩登。海報除了圖像，不能缺文字信息，至少有片名及幕前幕後工作人員的名字。過去，電影海報一如其他中文印刷品，沿用由右至左的傳統閱讀模式，那管文字是橫排的，也是循這個方向閱讀。「我在廣告公司處理的中文稿，若屬橫排，早已跟隨英文由左至右讀，讀得很順。我覺得海報也應該跟從，因為大家都習慣了，除非是直排的文字。」

及至一九八〇年二月，出自大勇手筆的《身不由己》，橫向的片名仍採用由右至左的排列法，但同月公映、奮鬥公司出品的《瘋狂大老千》則採用左至右的排法，直至進入新藝城時期，所有海報都採用這個閱讀方向：「文字由左至右排列，我不敢講是第一個做，但應該是其中一個最早發起的人。」

寫實筆法　傳神寫真

自一九七五至一九九三年，大勇幾近無間斷的替電影公司繪畫海報，作品甚豐，他有這樣的印象：「通常喜劇都會選用繪畫，而正經的戲則會用照片組成的海報。」時為八十年代，電影總歸要穿插笑料，所謂「正經的戲」，可理解為搞笑度較低，相對而言側重劇情的電影。這類電影也會落到大勇手上，他的寫實人像便相繼出場。

細看他歷年的作品，以寫實手法繪畫的，比例不算少，譬如他替金公主麾下永佳影業繪畫的海報，如《伊人再見》、《代客泊車》、《惡男》等，均採用寫實手法，人像筆觸纖細，傳真度高。該公司出品的警匪片《公僕》、《皇家飯》，更必須寫實，才能把當時李修賢剛正勇武、深入民心的警察形象展示。

愛情片《伊人再見》（上）及警匪片《皇家飯》的海報原畫，均用上寫實的筆觸繪畫，一輕柔，一陽剛，各具特色。

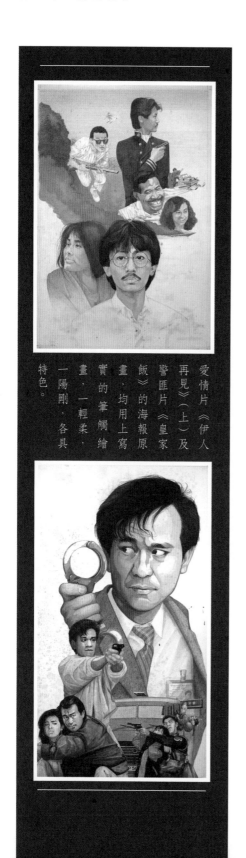

他為新藝城畫下眾多膾炙人口的漫畫化海報，但加盟金公主後，首次以全職身份為新藝城繪畫的，卻非喜劇，而是由翁維銓執導的《再生人》，也是大勇少數與新浪潮導演合作的作品。海報營造幽暗鬼魅的氣氛，他把扣連兩代的關鍵人物謝賢置中，背後是一雙轉世糾纏的男女，而延伸兩代的偶人則詭異地凝視眾生，悉心的構圖把故事扼要道盡：「聽人家說從海報看到影片的內容，我很開心。當時創作海報，主要透過故事大綱和劇照簿獲取靈感，大部分電影我都沒有預先看過，印象中《再生人》也沒有。」

《陰陽錯》海報是大勇的一幅心頭愛，同樣選用寫實手法，處理上相當突破：「我把當時如日方中的紅星譚詠麟畫得較細，而在香港沒有知名度的新人倪淑君，我卻把她的頭像畫得很大，整個構圖很美，我很喜歡這草圖，當時只擔心老闆黃百鳴不接受。」不無意外，海報的草圖順利通過。完成後，基於公司對明星效應的考慮，付印前夕補入另一女角葉童的人像。「由原本的一陰一陽，變成兩陰一陽，構圖上不太好。」到底它就成了貼在戲院的終極海報。

一九八九年公映的《三狼奇案》，是大勇較後期的佳作。他選用了單一的場面，以虛構手法結合野狼造像，把真實事件戲劇化地重現。二〇一七年由香港電影金像獎出版的《阮大勇最愛五十電影海報集》特刊，他有如下分享：「（這幅海報的）風格比較不一樣，我希望盡量寫實。由於電影中並沒有這個場面，整個畫面由我來構思，難度比較高，很有挑戰性，是一幅將當時轟動一時的奇案意像化了的海報。」這海報不僅是他寫實手法的力作，在題材擷取、表現手法，以至圖像的佈局，均屬嶄新的嘗試。

《再生人》、《陰陽錯》及《三狼奇案》三片的海報調子冷峻，着色深沉，別具一格。海報能扼要地帶出影片內容，營造氣氛上亦巧富心思。

逾六十頭像拼出繽紛

把眾多明星匯聚的「大堆頭」電影，大勇也處理過不少，揮灑自如，既可把眾星先後有序的鋪排，也可以略施小計，巧妙地把大量人物串連，撞出熱鬧氣氛。

《我愛夜來香》也是他的「最愛五十」之一。海報通過一道迴旋樓梯，把眾多人物有層次的整合，相互呼應。驟看是一個場面，細看則見各個角色都有戲，可逐寸閱讀。在群像海報中，他的心水包括《橫財三千萬》，藉汽車追逐場面，把十八個你爭我奪的人物扣連；還有《開心樂園》，回應影片的熱帶森林場景，展示各人的柴娃娃行徑。

上述群像海報以戲劇場面把眾多人物共聚一堂，而另一種鋪排法是把各個人物頭像公整並列。像《繼續跳舞》把各人分置框架內，每一張臉都寫實傳真，畫功精細，當時他費了很多心機逐一描繪。《義本無言》以白描方式勾出十二位黑道人物並坐的群像，線條簡潔，構圖破格。《小小小警察》有類近的鋪排，作為喜劇海報，除了主角曾志偉屬漫畫化造像，背後多達六十個人物的頭像均以寫實的勾線圖呈現，栩栩如生，演員臉容一望便能辨別出來。

《我愛夜來香》以一道迴旋樓梯把眾多人物串連；《小小小警察》則以公整方式鋪排六十個人物的頭像，加上曾志偉，絕對大堆頭之作。

欣賞大勇的群像海報，除了遠看，還得微觀。眾多人像定有主次之分，描畫的精細度也有別，不過，即使副線角色一樣細節豐富。像《佳人有約》海報，前方國際象棋黑白格棋盤上，便有十多個人物，各有不同動作，表情迥異，可見繪畫上的心思。隨着年長，身體機能不復當年勇，他也承認，這類結構複雜、人物眾多、細節豐富的群像海報，已難於應付，加上心境不同，畫出來的生鬼度亦遜於昔年。

海報劃一價　毋須付訂金

若從量化計算，上述的群像海報，大勇作為繪畫者，真箇「蝕水」。打從七十年代末以兩千七百元一張的收費進入業界，往後稿酬僅屬穩步提升，三千元一張也維持了相當長的時間。他從沒開天殺價，亦不討價還價、坐地起價或因不同片商而收費有別：「我張張海報都是劃一收費，按張數計算，不管畫了一個人抑或十個人，收費一樣。」同時，每一次都是「講個信字」，他從不要求別人落訂金，全是交貨後收款。猶幸歷年來都收到稿酬，充其量收不足數：「若說一毫子都收不到，又好像從未試過。」

海報作為宣傳品或藝術品，成敗不能量化，而是看整體效果。相對於群像，只有小量人物的海報也不寂寥。大勇喜歡為永佳繪畫的《提防小手》海報，他活用片名「小手」，繪出一隻偷竊鑽石的手，而指頭正是主角洪金寶和陳勳奇，劇情呼之欲出，生鬼活潑。

一九八七年的《凶貓》，可說是一次另類嘗試，構圖佈局極富心思，主角劉家良立於中央，紮馬張弓，覷準向他飛撲過來的黑貓。畫面採用低角度視點，色調暗黑，氣氛緊張，甚具張力。從上方躍下的凶貓，重要性與主角不相伯仲，清晰的腳掌申明貓的屬性，但不見首亦不見尾，只有軀體的剪影，詭秘迷離，表現手法匠心獨運。

藉歷練而成為熟手技工，大勇自比機器，按掣出圖；但創作從心出發，意到筆隨，出來的作品實非機械化產物。從豐富多姿的創作方向，加上精巧的手藝，從中看到今天難得的人味，看官也應拿出人性化的量尺，用心閱讀。

縱然取材自劇照，但大勇每每能結合想像，創作出既貼題又富新意的畫面，《凶貓》就是一例。

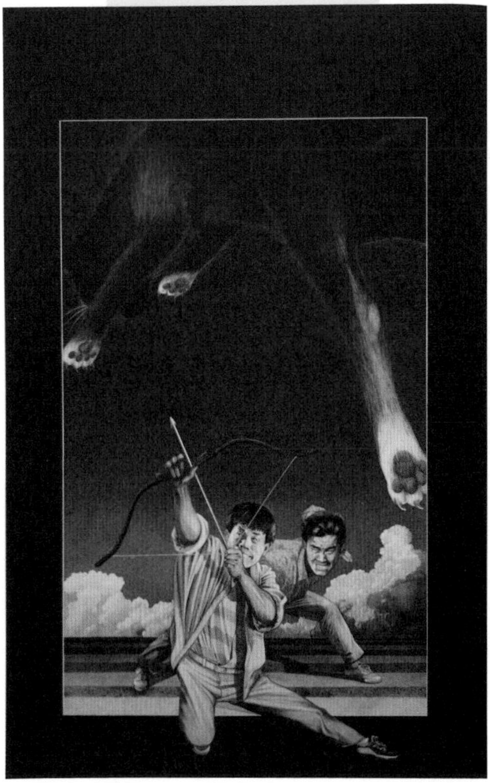

五、報紙廣告展單線條魅力

許思維以阮大勇為對象拍攝的紀錄片
起名《海報師》，
聚焦在他廣為傳頌的身份。
拉闊點看，
大勇實為貼近群眾的插畫家，
整個八十年代，
他以單線條繪畫的黑白廣告稿，
無間斷的在報刊亮相。

對這些鮮有被談論的畫作，此時此刻，他由衷分享：「回看這些報紙黑白稿，我是十分喜歡的，可惜當時當作垃圾，差不多全部扔掉了。」翻看複印自舊報紙的《提防小手》報紙廣告，不禁喜上眉梢，對趣怪的人物畫像直呼「過癮」：「這些畫畫得好好，簡單、生鬼，最主要是生鬼，有時候比海報畫得還好。」

堅持創作不受干預

電影海報是大勇作品中的重要組成部分，不過，一九八一年他加盟金公主時，主要工作是製作刊登於報章、雜誌的廣告，當中以白描手法繪畫的黑白單線條畫稿佔相當比重。作為這些廣告的設計及繪畫者，創作思路與海報相若：「通常喜劇會用『畫公仔』，正經的戲則用照片組合。」

廣告除了圖像，也必然有宣傳語句。當大勇收到宣傳人員擬好的標題、副標題等文字內容後，便構思草稿，並製作正稿：「剛入職時，全部的設計、美術和做稿都是我一個人負責。」完成稿會交金公主發行部主管彭達榮審看，基本上都順利通過。

因此，廣告稿能呈現他的原創意念，尤其他致力維護創作自由：「不少搞文字創作或度橋的人，寫好稿後總愛『點』畫畫佬、設計佬：『照片放這兒，那兒要怎樣……』

我永遠不接受的。稿寫好，你的工作便完成了，材料交到我手，你不用理我怎樣處理，這點我是很堅持的。若你要求該如何做，那就由你做好了。我不會與你爭拗，我會向上級交代，當年在廣告公司我亦是這樣處事的。」

挾着十五年廣告公司美術經驗，充任此職可謂駕輕就熟：「做這些報紙廣告稿很容易，沒有甚麼難度，可以說是專業，自己亦不愛強行做好困難的工作。」雖云是規律化的日常工作，手到拿來，但深明這是吸引觀眾入場的重要宣傳品，他不會敷衍了事，每隔三兩天便轉換設計，甚至繪畫新圖畫，加添新意和趣味。

同一片畫多張宣傳畫稿

一九八一年七月，港產片暑期檔的票房爭逐戰展開。金公主院線先以立人公司的溫情片《天真有牙》打頭陣，七月二日首次在報章發放午夜場廣告，經過四及五日兩天午夜場，並於九日全線首映，直至十一日「連日爆滿」，又於十五日「越映越旺」，最後在廿二日最後一天放映。兩週映期內，大勇共繪畫了五個廣告畫稿，分別突出小孩子的純真無邪，也有顯現主角鄭則士、胡燕妮、盧海鵬的慈愛形象。

當《天真有牙》熱烈公映的同時，第二檔的華麗鉅獻《鬼馬智多星》亦準備就緒。

該片率先於七月九日刊出預告午夜場廣告，點算燦若繁星的陣容，及至十日推出首度午夜場廣告，再於十八日二度午夜場，並在廿三日盛大獻映，於三十一日以破六百萬票房之姿跨進第二週，及至八月六日最後一天公映。前後十五日映期，大勇共繪畫了四款畫稿。

這些單線條畫稿，不涉複雜的繪圖技巧，關鍵是藉簡潔的線條而把人物精確且到位地勾勒出來，演員臉容活靈活現，並帶出漫畫趣味。上述《鬼》片的筆觸尤為誇張幽默，把林子祥的憨戇、麥嘉的跋扈、姚煒的妖媚、鄧寄塵的暴怒，言簡意賅的躍然紙上。又如一九八三年七月公映永佳出品的《摩登衙門》，由午夜場至正式公映，大勇的多幅畫稿均聚焦於五個男角的諧趣臉容，精準捕捉，妙不可言。

當天從大勇指縫間倖存下來的畫稿寥寥無幾，其一是一九八二年三月公映的《提防小手》午夜場廣告稿，三個男角的造像，淺淺的把各人個性、背景精要地勾出，至於即日盛大獻映的一幅，更加入反斗的葉德嫻，隔代重看，大勇泛起滿意之情：「這兩幅畫畫得相當可愛，當時費了很多心機去畫，可惜這類畫稿全部棄掉了。」

為《提防小手》報紙廣告繪畫的鉛筆插畫原稿。人像造型生鬼可愛。

《鬼馬智多星》的午夜場廣告原稿。中央有大勇的插畫，文字資料則黏貼「咪紙」而成，全部手作經營。

從未採用炭筆繪畫

查看大勇保留的《提防小手》原稿，鉛筆的筆觸呼之欲出。「這是鉛筆畫。我偶然會用鉛筆繪畫，喜歡它能做出深淺不同的效果。」習畫人在繪畫素描時多用炭筆，他卻只用鉛筆：「炭筆畫出來的效果比鉛筆豐富很多，但我成世人都不會用，因為有手汗。」

鉛筆畫僅屬偶一為之，他最常用的是幼筆嘴的油性記號筆（俗稱 Marker 或箱頭筆）。以往香港廣告界、插圖界流行用針筆，早年他也有使用：「針筆的筆嘴非常幼小、中間是空心的管，內裏有一條極纖幼的針，當筆管的墨水流下，便沿針端滲出，在紙上畫寫時便留下筆跡。」縱然只屬偶然使用，對其結構卻瞭如指掌，觀察入微。因筆管幼小，常出現阻塞，須以水沖洗，加上金屬材質相當硬淨，繪畫時並不順暢，之後他便轉用幼嘴的黑色油性記號筆。

當時報章的電影廣告一般約為 A5 大小，大勇會把畫稿畫在 A4 紙張上，造版時可作縮小處理，效果較佳。當然，全版電影廣告也常見，他會以 A3 大小的紙張繪畫。這些黑白畫稿長期通過報刊與普羅大眾近距離接觸，勾起無數觀眾看電影的意欲，更引起同業模仿，為喜劇片製作「仿阮大勇式繪畫」的電影廣告。

大勇保留下來的小量畫稿，見證了他這時期的一項重要工作，因此，當他於二〇一六年舉行「阮大勇五十年作品展」時，也展示了小量黑白報紙廣告畫稿，像上文提到《鬼馬智多星》盛大獻映的一幅，還有他為一九八一年五月二十日公映的《沙漠雄獅》（*Lion of the Desert*）所畫的廣告畫。

會場上也展出他以類近的簡潔手法所繪的新藝城聖誕卡，更通過上色添加立體感和節日氣氛，不變的是那份風趣幽默，以及個人豐富的想像力，把該公司草創時期十四位

（上）五位諧星：（左起）馮淬帆、鄭則士、廖偉雄、王青、龍天生，下圖則加入槍支點題，畫工精細。

廣告連環畫，展示劉家輝的武僧形象，一運勁便把鐵鏈打碎。

台前幕後精英的人物形象，糅合到他虛擬的場面。卡子上集齊各人的親筆簽名，極富紀念價值。只消細看，便發現卡子還有第十五位人物——大勇以其畫藝與眾同行，並同步留下他有力的簽名。

為新藝城繪畫的聖誕卡，把眾開山成員漫畫化，維肖維妙，更請來全部人簽名，十分珍貴。（左起：吳宇森、林子祥、張艾嘉、施南生、徐克、泰迪羅賓、黃百鳴、麥嘉、石天、許冠傑、曾志偉、劉家榮、梁普智、譚詠麟）

六、非漫畫人畫《玉郎漫畫》

縱然擅長繪畫漫畫化人像，
阮大勇與漫畫圈總歸一河相隔，
既沒有沉迷閱讀，
連作隔岸觀也鮮少，
遑論投身繪畫行列。

及至 1984 年，
《玉郎漫畫》創刊，
他竟化身漫畫人，
擔任該刊的封面畫師。
八年來從未間斷、亦從未脫稿，
畫作持續面世；
所畫的封面不單成為刊物的標誌，
更是該刊不能割捨的一頁迷人記憶。

我是《三毛流浪記》擁蠆

和無數年輕人一樣，少年時代的大勇也鍾情讀連環圖，那已是寓居上海時期的往憶。作為全國首屈一指的大都會，上海壯麗的市景，孕育他的審美觀，不過，橫街窄巷流竄的庶民風情，也成為他的美術養份。

在上海路旁林立的「書仔檔」，不難找到他的影蹤。和香港五、六十年代的書攤相若，主要提供一種小號裝、約九十五乘一三〇厘米的橫排連環畫小書，藉一頁接一頁的圖像「講古」：「這些連環畫書仔大多講歷史、武俠故事，像《西遊記》、《七俠五義》、《水滸傳》等。當時我很愛看，繪畫方面，連環畫對我也有啟發的。」

林林總總的作品中，他最愛於三十年代中推出的《三毛流浪記》。該作品由張樂平創作及繪畫，通過主人公孤兒三毛的流浪遭遇，揭示抗戰至解放前後的民生逸趣。「我十歲八歲就讀，那時上海所有小朋友都讀，是風靡一時的連環畫故事。」

大勇欣賞《三毛》的內容能反映時代，畫功非常出色：「我是《三毛》的擁蠆，張樂平更是我的偶像。我認為它是中國最優秀的連環畫，達到世界級的水準。」一九七五年，施養德曾介紹他閱讀由比利時畫家 Georges Remi 創作及繪畫，於一九二九年起出版的漫畫故事《*Tin Tin*》（中譯《丁丁歷險記》）。《*Tin Tin*》在歐洲廣受歡迎，二〇一一年由史提芬史匹堡執導拍成動畫電影，大勇深感《三毛》的水準並不亞於它。

南下香港後，大勇卸下了學生身份，他必須成長，看似是少年人伴兒的連環圖，也在生活中淡出。時為六十年代，滿溢地道色彩的土產連環圖故事，對他這位「上海仔」不免有點距離：「定居香港後我再沒有讀連環畫，一來這裏出版的並非歷史故事，二來自己的年紀亦大了。那時十六歲，興趣、愛好都成了型，不容易吸收到本地的文化。」

首遇黃玉郎卻無緣合作

跨過六、七到八十年代，大勇一直從事美術工作。此時，坊間的漫畫事業如兩後春筍般發展，連環圖刊物成行成市，每星期在報攤熱鬧登場，由武俠打鬥、江湖人物到愛情故事等，琳瑯滿目。同一時間，為電影創作無數趣怪漫畫圖像的大勇，對外間的漫畫世界亦非置若罔聞，然而下班時途經報攤，他往往會買下「拍拖報」（兩份不同報章以優惠價一同發售）回家細讀，而不是漫畫書。

「當時香港流行的漫畫，沒有一本我曾經長期閱讀。《中華英雄》、《龍虎門》我都有買來看，但看不多久便放棄了。」一九八四年九月六日公映、玉郎影業出品的《行錯

大勇往《玉郎漫畫》辦公室探望黃玉郎、祈文傑時合照，三人絕對是該刊的焦點人物。

姻緣路》，大勇既畫下精巧的海報，更繪出多幅鬼馬的廣告畫稿，之前一年，他已與該片監製黃玉郎有過關於漫畫工作的接觸。

一九八二、八三年之交，黃玉郎通過下屬鍾錦光，與大勇聯繫上，鍾乃大勇表哥的舊同事。當時黃氏邀請他繪畫一些試稿，大勇估計對方想找他畫漫畫。然而，畫稿交妥後，卻沒有進一步的發展：「我交上的試稿並非他們那種漫畫風格，並不適合他們所需。」會面雖沒有成果，但大勇既與黃玉郎見面，也認識了祈文傑。

一九八四年《玉郎漫畫》創刊，祈文傑聯繫大勇，直言他的畫風相當切合這份新刊物：「他找我商議合作，我就話：『好，我試下！』豈料試試下，就試了二百多期。」打從創刊號起，他便以個人擅長的鬼馬畫風繪畫獨立插畫，服務八年多以來，卻甚少畫連環畫稿：「我並不喜歡要連續十幾廿張、一張一張畫落去的方式，那時我已經四十多歲，要我轉風格，是無法轉過來的。可以說，我專長畫插畫，喜歡繪畫一張過的畫。」

週末日都用來畫封面

《玉郎漫畫》自一九八四年九月二十二日創刊以來，便由大勇負責繪畫封面。該刊早期屬雙週刊，隨着銷量攀升，轉為週刊，直至一九九二年九月十九日出版第二六三期終刊。大勇為該刊繪畫了二五七期封面，僅差六期而未能與它相始終：「隨着祈文傑離開文化傳信，我就不再畫了！其實後期封面沒有了黃玉郎先生的形象，趣味已差很遠。」

當時，每逢週五祈文傑便致電大勇，告訴他下一期的封面內容和構思，一般都是把黃玉郎連同他當期訪問的明星化為一張漫畫圖像，他須依據祈氏的指引繪畫，畫像內容有一定規限：「有一期由張國榮做封面，他快要開演唱會，圖像便是把其演唱會海報作卡通化處理。」

《玉郎漫畫》封面主要取材當期黃玉郎訪問的巨星，如廿四期以張國榮一九八五年的演唱會海報為題，配以鬼馬的黃玉郎漫畫人像。

同日黃昏，相關的圖片資料便送到大勇手上，因有正職在身，加上偶然會兼職繪畫電影海報，他只能利用週末、日來完成。另外，他偶爾也兼畫該刊的中間跨頁海報，祈文傑會早點把資料交給他，讓他多點時間畫，後期他又負責繪畫書中專欄「影視歌漫」的插畫，同期要應付幾幅焦點畫像，相當緊湊：「若需要趕工，我便很吃力。猶幸都能應付過來，我從沒有脫稿，二百多個封面也沒有一張需要修改，全部收貨。」

二百多個封面，毋須一言一語，單憑玩味十足的圖像，已教人捧腹，樂不可支。畫稿的佈局、構思，成功把原來正經八百的人像，畫像作戲謔式處理，幽默風趣；而黃玉郎與眾多歌影視紅星的人像，大勇準確捕捉並誇大各人的表情神韻，抵死惹笑。封面圖像的主角多以本地影視藝人為主，間中亦夾雜荷李活影星：「有一期用了《手足情未了》

新藝城後期出品的影片不乏英雄片、寫實片，海報較少採用大勇的繪畫作品，通過《玉郎漫畫》他卻有機會來個變奏，如把《英雄本色》畫成中間跨頁海報。以《手足情未了》電影海報為藍本的《玉郎漫畫》封面，是大勇至愛的封面。

（*Rainman*）海報作藍本，黃玉郎扮演湯告魯斯的角色，配以德斯汀荷夫曼。這是我畫《玉郎漫畫》眾多封面中的至愛。」

新藝城後期的電影海報以照片組合模式為主，經大勇手繪的已不多，通過《玉郎漫畫》他卻有機會把部分海報來個手繪變奏版，衍生另類的趣味，像《花心大丈夫》、《義膽紅唇》和《學校風雲》，還有《英雄本色》的跨頁海報。「對於《玉郎漫畫》的封面，整體而言，我是滿意的。」

每期《玉郎漫畫》的封面都在顯眼位置標示「出品人：黃玉郎、監製：祈文傑、封面：阮大勇」字眼，大勇的封面畫作顯然是刊物的標誌之一，這二百多個封面亦已植入無數人心中，成為電影海報以外他留給大眾的一頁美麗回憶。

七、李小龍：至愛的武者形象

1971年《唐山大兄》公映，
短短兩年，
李小龍已躋身國際巨星之列，
在銀幕上展示剛勁凌厲的功夫，
吸引無數追隨者，
包括當時任職格蘭廣告公司的阮大勇。
每當李小龍的電影公映，
他都會親臨戲院觀賞，
為銀幕上的正義武者暗暗喝采。

1973年7月20日夜，
如日方中的巨星溘然離逝，震驚全球。
翌日，大勇讀報獲悉：
「第一個反應以為是電影公司做宣傳，
如此好身手的人怎會突然暴斃？
後來證實了，覺得好可惜，他不過30出頭。」
兩年後，
源於工作關係，
他第一次繪畫李小龍畫像。

大勇首張李小龍畫像原稿，原用於雜誌《新電影》封面。

一九七五年首畫李小龍肖像

隨着格蘭廣告公司被併購，大勇無奈告別，緊接加盟施養德成立的施氏製作公司（Z Productions）。在該公司僅工作三個月，忙得不可開交，為籌備中的多份雜誌擔任美術設計，包括《新電影》。

該雜誌創刊號封面的李小龍畫像，正是大勇的作品：「那是我畫的第一幅李小龍畫像，原稿我仍然保留下來。」人像的胸前透視一組機械組件，人機合一，隱喻他如機械人般堅剛，「那是後來貼在畫稿上的，再製成封面圖。」

大勇是李小龍的影迷，當年卻沒有萌生繪畫偶像的想法。及至一九八二年，他接下《唐山大兄》、《猛龍過江》、《精武門》及《死亡遊戲》海外版電影海報的繪畫工作。延續他被動的個性，這次也是一個流到跟前的機會。工作是由嘉禾影片公司的英文宣傳部外判予中環一家廣告公司，該公司連繫上大勇，締結這段李小龍畫緣。

雖云經典一詞今已濫用，但大勇這一組四幅海報，流傳甚廣，堪稱經典。海報隨李小龍的電影漂洋過海，踏足西方，主角的形象固然閃亮寰宇，大勇的作品亦進入國際視野。海報背後的故事，他記憶猶新：「畫得好趕好趕，因為已安排好回鄉祭祖，我必須

一九八二年大勇繪畫的四幅李小龍電影國際版海報，包括《唐山大兄》（上）及《精武門》（下）。

另外兩幅為《猛龍過江》（上）及《死亡遊戲》（下），卻不包括《龍爭虎鬥》。

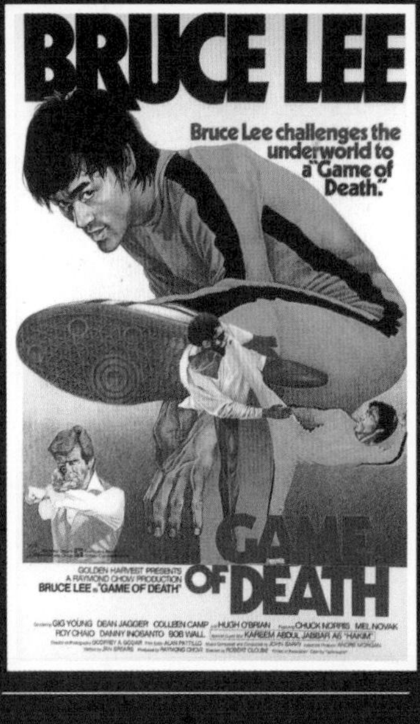

在出發前完成。最終花了約一個月，緊接畫好四幅海報。」

工作發下來時，已提供了草稿，並要求人像須直視前方，望向觀眾。大勇以寫實手法繪畫，展現他精巧傳神的畫藝。四幅海報面世逾三十年，在不同人的眼下流轉，讀出多種趣味。大勇引述李小龍會會長黃耀強的意見，指畫作的特色在於寫實中流露漫畫的誇張感覺：「我倒不覺得，但細看，《精武門》那張的人物表情是比較誇張的。」

任李小龍銅像美術顧問

四幅海報順利完成，大勇又回到他日常的工作，沒有延續其李小龍畫作。及至一九九〇年，他為一組以影星為題、私人出版的首日封繪畫李小龍人像。之後兩年，他先後完成《新精武門》、《漫畫威龍》的電影海報，以漫畫化手法勾畫周星馳模仿李小龍的喜劇人像。

零零星星僅畫過這些李小龍人像，談不上具系統的繪畫。二〇〇五年，他與電腦動畫名家馬富強，獲黃耀強邀請出任李小龍銅像的美術顧問，銅像計劃豎立於尖沙嘴星光大道上：「我與黃耀強會長相識很久，他認為我和馬富強是當顧問的最適合人選。其實當時我對李小龍的認識很淺，馬富強則深入得多。不過，能為李小龍獻一點力，很

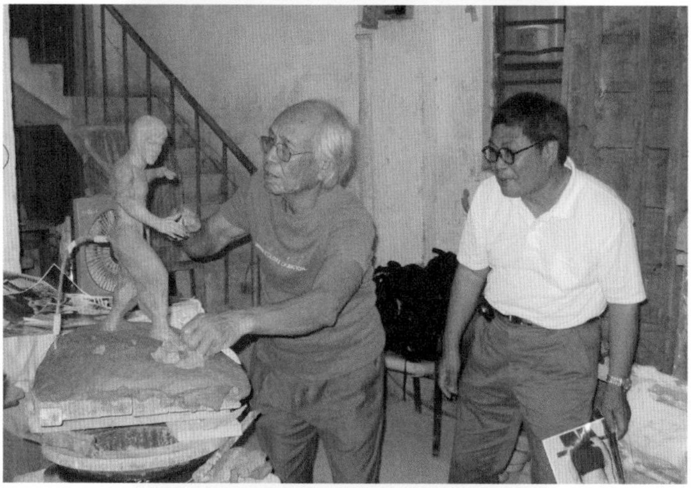

上圖：大勇（右）應黃耀強會長邀請，擔任李小龍銅像的美術顧問，經常前赴廣州，給曹崇恩教授所造的泥模提意見。

下圖：（右起）李小龍會委員丘光耀博士、銅像美術顧問阮大勇、雕塑大師曹崇恩教授、另一美術顧問馬富強、黃耀強會長及曹教授的兩位助手，合攝於銅像的原大泥模前。

值得。」

銅像由廣州美術學院的曹崇恩教授鑄造，但他對李小龍的形象沒有多少概念，大勇和馬富強堅守顧問之責，多次往還粵港，為銅像的造型、面容表情給予意見。可惜，初期出來的塑像樣辦，離原形實在有相當距離。「李小龍的氣質很特別，若從未描畫過，心內對他沒有明確的形象，單憑照片，很難準確捕捉他的神情。」

眼見進度不順，大家難免焦灼。這時曹教授的學生也完成了一個樣辦，竟然頗掌握到李小龍的神韻，為塑像製作開啟了可行的出路。循此下去，滿溢動感的武者形像終告完成。「也許是李小龍在天有靈，因為銅像已定在十一月廿七日他六十五歲冥壽當天揭幕，日子可說不能更改，回想都好險。」銅像重現了李小龍的截拳道武者英姿，是大勇、馬富強、黃耀強及李小龍會成員共同商議出來，「這個姿勢相當能代表到李小龍的。」

持續繪畫　再創新境

自從一九九七年移居新西蘭後，大勇便把畫筆擱下，隨着太太於二〇〇七年辭世，他才重拾畫筆，以畫澆愁。一切從心開始，沒有回到擅長的漫畫化手法，轉而探索寫實畫風，視作日常消遣，愈畫愈有興味。往後十年，李小龍成為他畫作的焦點主題，以不同的角度、手法勾勒這永恆巨星的一舉一動。

李小龍是一則不朽傳奇，對繪畫人而言，他也是畫極不膩的對象：「他的五官很立體，對喜愛畫人像的畫家而言，很有吸引力。同時，他擁有結實勻稱的肌肉，畫出來很美。加上他是個『甫士』王，每個姿勢都靚過人，是非常好的繪畫對象。」對李小龍童星時期的電影作品，大勇僅看過《細路祥》，也曾繪進圖中：「他小童時期的身體語言，一如成年後的模樣，同樣好牙擦！」

二〇一三年舉行的「光輝四十——李小龍主題畫展」，大勇展出寫實與漫畫化的李小龍人像作品。

幾年下來，他累積了一批李小龍畫作，偶然與朋友周少康分享，有感而發，提議舉辦以李小龍為題的畫展。經周少康籌辦，加上黃耀強協力，於二〇一三年七月在灣仔 Part-Of 畫廊舉行「光輝四十——李小龍主題畫展」，乃全球首個李小龍主題畫展。畫展共十九位畫家參與，結合老中青幾輩畫人，通過各人的眼睛、畫筆，重新演繹他們眼中的李小龍。大勇交出的，除了精巧的寫實作品，也穿插了幾張漫畫造像，幾近二十年，他再有新作品與公眾分享。

對於李小龍形象的探索，他更由畫筆過度到雕刻刀。二〇〇五年卸下小龍銅像顧問一職，他興之所至試做雕塑。和繪畫一樣，屬無師自通，基於有素描基礎，拿捏模塑上，不難掌握，成功做出一尊李小龍像。及至二〇一六年舉辦「五十周年畫展」時，他再接再厲，決意展示一尊更精緻的李小龍銅像。奈何久未製作，難度較想像大，製成品竟較二〇〇五年那尊遜色，他想過放棄，卻又不服氣，咬緊牙關去做。銅像終在會場上展示，亦無負初衷：「做得比二〇〇五年那尊好，但過一段時間再看，覺得有些地方可以做得更完美。」

以畫筆、雕刻刀和李小龍結的緣，如長河無盡。若工作環境許可，他想再製作李小龍的雕塑，希望一尊做得好過一尊，而李小龍的畫作當然繼續。此間他正投入「復刻李小龍電影海報」。今天回看一九八二年那四幅電影海報，筆法較硬朗，有當時的特色及優點，「現在重畫，形式相近，內容不同。相隔廿多年，雖然都是我的手筆，但看來的感覺會有不同。」這個新的海報系列，將加入《龍爭虎鬥》，不僅延續李小龍長青的武者形象，更體現畫家致力求進的精神。

大勇憑自學製作銅像，首個作品以李小龍為對象（上），完成於二〇〇五年，及至二〇一六年再為個展製作另一尊李的銅像。

八、寫實人像畫 更進一步

2007 年，
阮大勇提起封塵的畫筆，
一揮逾十載，
由平靜到喧鬧，
由蟄伏到出山，
際此人生新階段，
曝光率遠超前半生的總和，
更領略前所未有的璀璨繽紛，
既是收成期，
也是一次拓墾之旅。

受年齡、心境所限，近年偶有繪畫漫畫化人像，但細緻及風趣程度今非昔比。創作、技巧上縱有無復當年勇之嘆，但大勇總歸有勇往直前之志，此間從興趣出發，不經意畫出新境，喜道：「寫實畫作的水準進步了，人物的神似度更勝從前，風格多樣化，漫畫化的痕跡亦減退了。」

主力喜劇　難磨練寫實筆法

打從一九七五年的《天才與白痴》開始，大勇往後為電影所繪畫的圖像，手法可概分為漫畫及寫實兩大類。作品主要為電影而畫，必然帶戲劇性筆觸，像《半斤八兩》，手法傾向寫實，但談到這骨節眼，他會輕輕的在「寫實」前補入「誇張」二字，說明是帶誇張色彩的寫實。

即使寫實畫作，也帶誇張色彩，回顧當時所畫的，更多是漫畫化作品，建立起簽名式筆法，「以往片商大多請我畫喜劇電影的海報，就算用寫實筆法，仍帶漫畫感覺，顏色上也用得誇張一點。」那時為生活而畫，「做好份工」是大前提，一天只得廿四小時，此消彼長，自有得失，無暇磨練寫實筆法。

二〇〇七年，以繪畫平靜心緒，從心出發，自然而然拐進寫實畫的創作天地，繼續專攻人像。畫筆輕描細訴，往昔鮮亮的色彩盡斂，筆風舒徐，線條柔和中透着豪邁颯爽，形式多變：「此間寫畫純屬自娛，相比以往為工作而畫，興趣濃厚得多，差不多天天都畫，成為生活的一部分。」

幾年下來，累積了大量作品。二〇一六年舉辦的首次個展「阮大勇五十年作品展」，除展示眾口交譽的電影海報及廣告畫像，更騰出相當空間介紹近十年繪畫的人像作品。舊雨新知、中外紅星紛紛躍進畫中，李小龍固然不會缺席，還有眾多不朽巨星，甚至近年冒起的新星也被他留意到。「我較喜愛繪畫的人物，包括水原希子、瑪麗蓮夢露、史提夫麥昆、占士甸、山口百惠、張國榮……外國人比較多。」

追星願償　喜見史提夫麥昆

如此一張繪畫對象清單，既畫出心儀對象的一顰一笑，更印證中外有別：「外國人是比較易畫的，因為輪廓較鮮明，立體一點；而女人就最難畫。」觀乎他的作品，顯見沒有捨難取易，而是兼收並蓄，多作嘗試。

若拿出另一張清單，便發現頭號偶像李小龍外，史提夫・麥昆（Steve McQueen）位列他鍾愛影星的次席。二〇〇五年，大勇完成李小龍銅像美術顧問工作，亦躍躍欲試

（上圖）大勇憑眼緣取材，所畫的人像包括不同背景、年代的人物，年輕的水原希子便成為他近年鍾愛繪畫的人物。

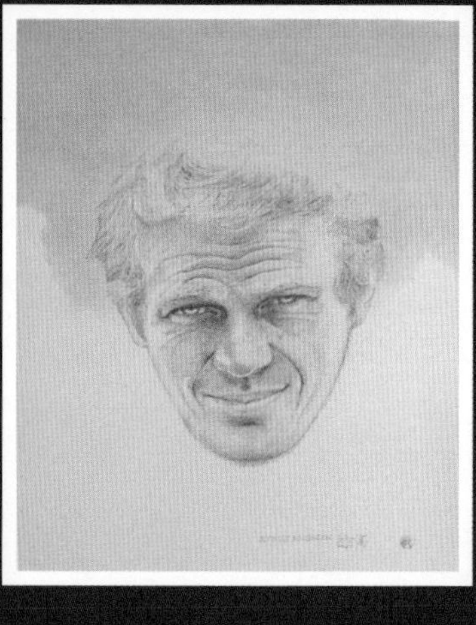

（下圖）既喜愛史提夫麥昆的幕前形象，一趟近距離接觸，更欣賞他的友善態度，至今大勇仍不時把偶像風采重現畫紙上。

自製雕塑，個人首尊李小龍塑像由是誕生。緊接他心癢癢的試做第二尊，便以史提夫為對象，惟因遲了翻模，物料變壞，塑像報銷。第三尊則是在首次個展中展出的李小龍銅像。

銀幕裏外，史提夫·麥昆都是硬漢子，惜早於一九八〇年病逝，年僅五十歲。當年大勇是史提夫的影迷，和鍾愛李小龍的感覺相若，均被對方的正氣形象吸引：「他有一股英雄氣質，很有性格，帶點反叛、不羈。我曾經在啟德機場見過他真人。」

一九六五年底至六六年初，憑《夢斷城西》及《仙樂飄飄處處聞》兩獲奧斯卡最佳導演金像獎的羅拔．淮斯（Robert Wise），率領製作團隊到亞洲區拍攝《聖保羅炮艇》（*The Sand Pebbles*）。一九六五年十二月十一日，男主角史提夫在香港的戲份尚未開始拍攝，他卻被東方之珠所吸引，由台灣赴港，逗留一夜。他於晚上抵港，消息在當天的報章已公告，大勇讀報時看到，在影迷心態驅使下，便立刻跑到啟德機場，期望一睹偶像風采。

「史提夫．麥昆一出閘，我是第一個上前請他簽名的。我不懂說英語，他見我遞上印有他照片的雜誌，便替我簽名。他很友善，有位記者為他拍照，不斷後退，一失平衡便跌倒，他上前扶起對方。」與偶像零距離接觸，得以微觀：「他的頭髮很淺色，看來約有五呎十一吋，有點『寒背』……總歸見到偶像。」一切仍歷歷在目。

在那個素樸的年代，他沒有請朋友幫忙拍攝與明星的「合照」；至於附有珍貴簽名的雜誌，他曾借給別人，後來卻聯絡不上此君，簽名一去不返。意料以外的是，當天索取簽名的情景被記者攝下，並刊於翌日的《星島日報》。

《聖保羅炮艇》獲八項金像獎提名，包括史提夫從影唯一的男主角提名，惜未獲獎。他在片中飾演海軍工程師，穿上水手裝，略欠型格，反觀大勇其中一張史提夫畫像，選取他在警匪片《渾身是膽》（*Bullitt*）中的辣警造型，展示他典型的硬朗形象。

繪畫史提夫的人像實非近年的事，翻看一幀大勇攝於起居室的老照片，他身後正有史提夫的人像。該幅人像照片高懸於牆上，說明他在大勇心中早佔有一定的位置。

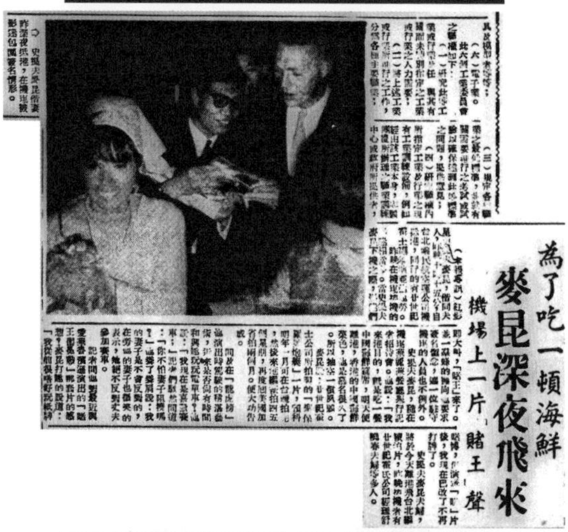
為了吃一頓海鮮
麥昆深夜飛來
機場上一片「賭王」聲

史提夫麥昆偕妻昨深夜抵港，在機場被影迷包圍簽名情形。

一九六五年，大勇在機場守候史提夫麥昆並索取簽名，湊巧被報章記者攝入鏡頭。（下）巨星的簽名真跡已失，猶幸當天拍下照片，保留至今。

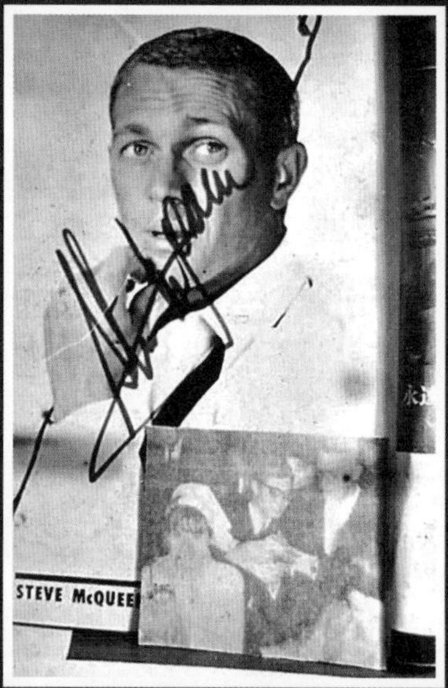

攝於一九七三年大勇觀塘家中，起居室的牆上正懸掛起史提夫．麥昆的照片。

「給大眾不一樣的體驗」

人像是大勇歷年繪畫的主軸，論題材，既可說專，亦可謂窄。隨二〇一七年七月「阮大勇星光魅影」畫展出版的畫冊，他撰的序提到：「限於主題萬變不離其宗；要屢求突破，可真費煞思量」。無疑他做了出色的示範，同一人物，能以多樣化的手法再現。凡創作人都有「求新」的心跡，序文中，他指該次展覽的作品「絕大部分以畫布作繪圖素材，於創作時感覺新鮮」。

以不同的物料作為界面，物料質感在彩筆塗抹下突顯，經歷一場色彩與線條的顯影，產生不含化學反應的化學作用。數年前，大勇以粗糙的帆布作畫，造出教他意外的有趣效果，其後他更訂製了一批帆布袋來繪畫人像，發展出一個系列。物料上的創作可能，他樂於發掘：「近來我多用一點銀色，間中亦用上金色，畫在帆布上，出來的效果相當特別，這種處理並不常見。」

在人像畫這個單一的類型框架內，大勇在繪畫手法上持續探索，尤其寫實筆法上精益求精，而物料的運用亦力圖推陳出新，展現活力。他在上述序文便披露：「希望每次畫展都能帶給大眾不一樣的體驗。」

近十年致力拓展寫實人像的創作領域，並舉辦個展，更於二〇一八年三月開設了畫廊，大勇已由昔日純粹的商業設計師蛻變為藝術工作者。但他心內無意把藝術與商業作壁壘分明、高下有別的二分，單看他把畫廊命名「海報師」，足見其取態。

「商業與藝術的劃分，我覺得並不要緊，藝術與生活有關，生活中的每件事都離不開商業。重要是出來的作品是否受歡迎，最終取得怎樣的成績。」

先後於二〇一六及一七年舉辦個展，並出版相關畫集，記錄「一代畫師」不同年代、風格多變的作品。

第三章 淺談原稿

——《天才與白痴》——

《天才與白痴》是我畫的第一張電影海報。當時先憑空勾出草圖，經許氏兄弟通過後，我才收到劇照，再把兩個角色的特徵畫到正稿上。原稿是彩色的，用防水的彩色墨水畫。彩色原稿已遺失，我只保留這張黑白稿。當時的報紙廣告都是黑白稿，本來可以用彩色稿複印，但效果不佳，我便把紙蓋在彩色原稿上，再依樣勾出黑白線條稿，供製作報紙廣告稿。

1975

——《半斤八兩》——

《半斤八兩》是迄今我唯一一張毛遂自薦繪畫的電影海報。海報採用對稱構圖模式，電影公司負責人曾建議加入天秤，但我覺得這構圖已能夠表達半斤八兩的意思。由草圖到正稿，沒多大困難，唯獨許冠英的擺位，起初有點傷腦筋，最終安排在放大鏡內。海報人像我以誇張寫實的手法繪畫，畫功頗考究，我很用心地畫；當時以工餘時間畫，約畫了十天。

1976

——《鹹魚番生》——

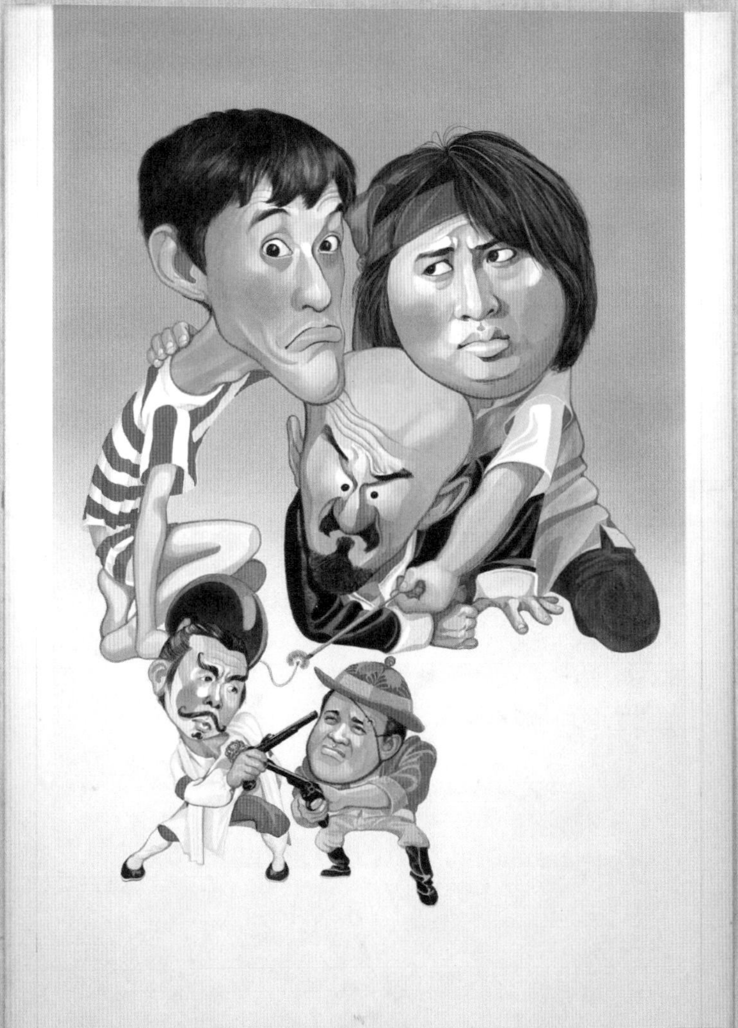

麥嘉、黃百鳴和石天組奮鬥影業時，我已替他們畫海報。《鹹魚番生》是奮鬥的第二部戲，走當時流行的諧趣功夫片路線，海報亦配合戲種，以卡通化的誇張手法繪畫。圖像的焦點放在主角洪金寶和石天身上。石天過去拍了不少電影，只演配角，記得有次和他、麥嘉在半島酒店茶聚，石天問：「我做不做到主角呢？」最終他做到了，更是新藝城早期的台柱，最初幾部戲都由他任男主角。

1980

——《鬼馬智多星》——

每次畫海報前，我都會翻看劇照簿，找尋靈感。《鬼馬智多星》的焦點圖像，便用了林子祥和泰迪羅賓在酒吧對話的場面繪畫，突出兩位主角的拍檔關係；背後則有各位配角，還有一輛古老房車，顯示影片的懷舊情調。這是一齣較新穎的喜劇，我採用了漫畫化的寫實風格；用色鮮亮又不失典雅。當時畫海報，我會隨心簽名，這一張簽在左下角，和我平日的簽名式樣有點不同。

1981

——《再生人》——

加入金公主後，我畫的第一張海報就是新藝城的《再生人》。這是懸疑驚慄片，畫風自然與喜劇片不同，我做了一定調校，顏色亦用得很深沉、濃烈，希望觀眾一看就意會它是驚慄片。有朋友說海報構圖已講出故事重心，其實繪畫前我沒有看過試片，只讀過故事大綱，翻看過劇照後便着手設計，那時就出現這構思。影片由翁維銓導演，我和當時的新浪潮導演合作不多，這是少數之一。

1981

——《最佳拍檔》——

《最佳拍檔》採用對稱構圖，佈局有點像《半斤八兩》。由於當時的海報都貼於街上，所以我傾向把主角頭像畫大，吸引觀眾，許冠傑是偶像人物，更適合這樣處理。石天雖是客串，我亦把他放在中央，張艾嘉當然不能缺少。影片有很多特技動作場面，是賣點，我一一畫在背景，包括右上角柯受良騎電單車衝破商廈玻璃而出的亡命演出。這部戲我有看試片，當時已覺得很精彩，預感會賣座。

1982

——《提防小手》——

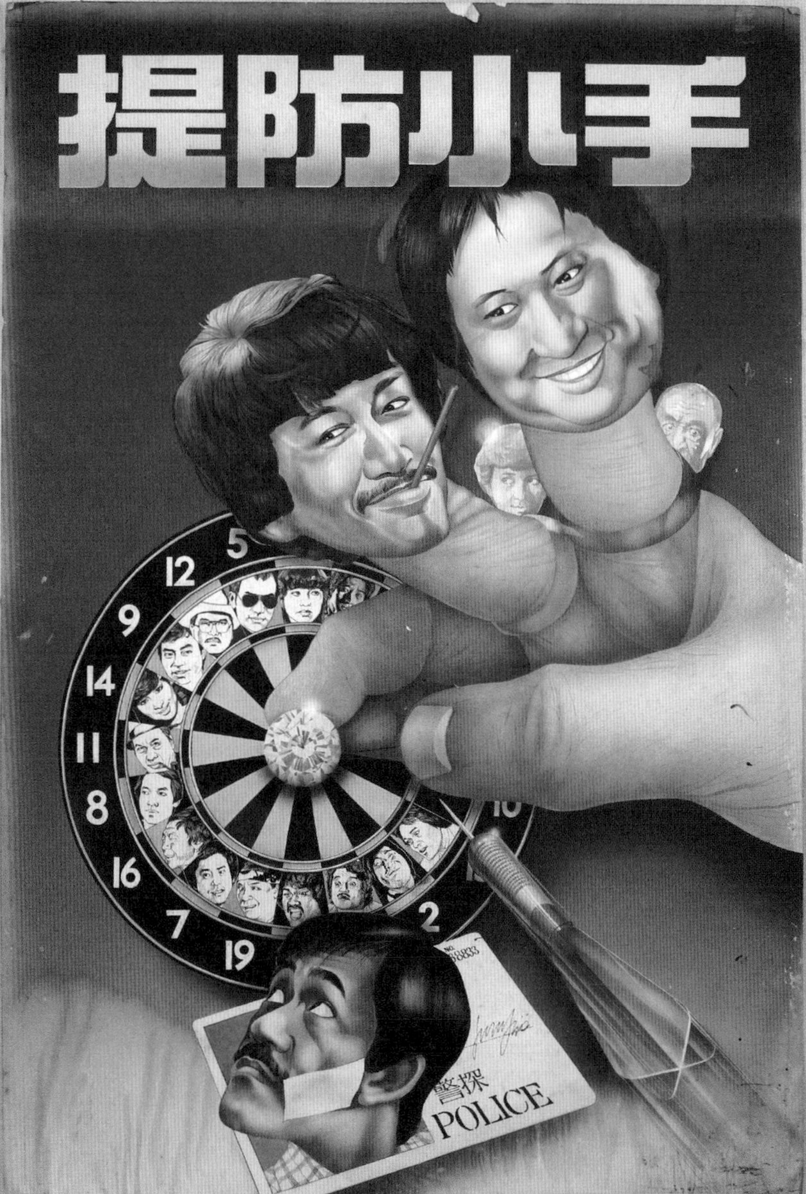

電影取名《提防小手》，我就以一隻手作為海報的主題——片中的小偷陳勳奇和洪金寶，與盜竊鑽石的手融為一體，另外也突出吳耀漢的警察身份。海報的焦點是三位喜劇演員，臉容用了少許噴畫效果，花了一定心機繪畫，頭髮一絲絲畫得很細緻。打從畫海報之初，我就喜歡這樣仔細的處理頭髮。片中眾多配角我也一一畫在飛鏢靶上，加強吸引力。片名字款是我設計的，做了手作的漸變效果。

1982

——《難兄難弟》——

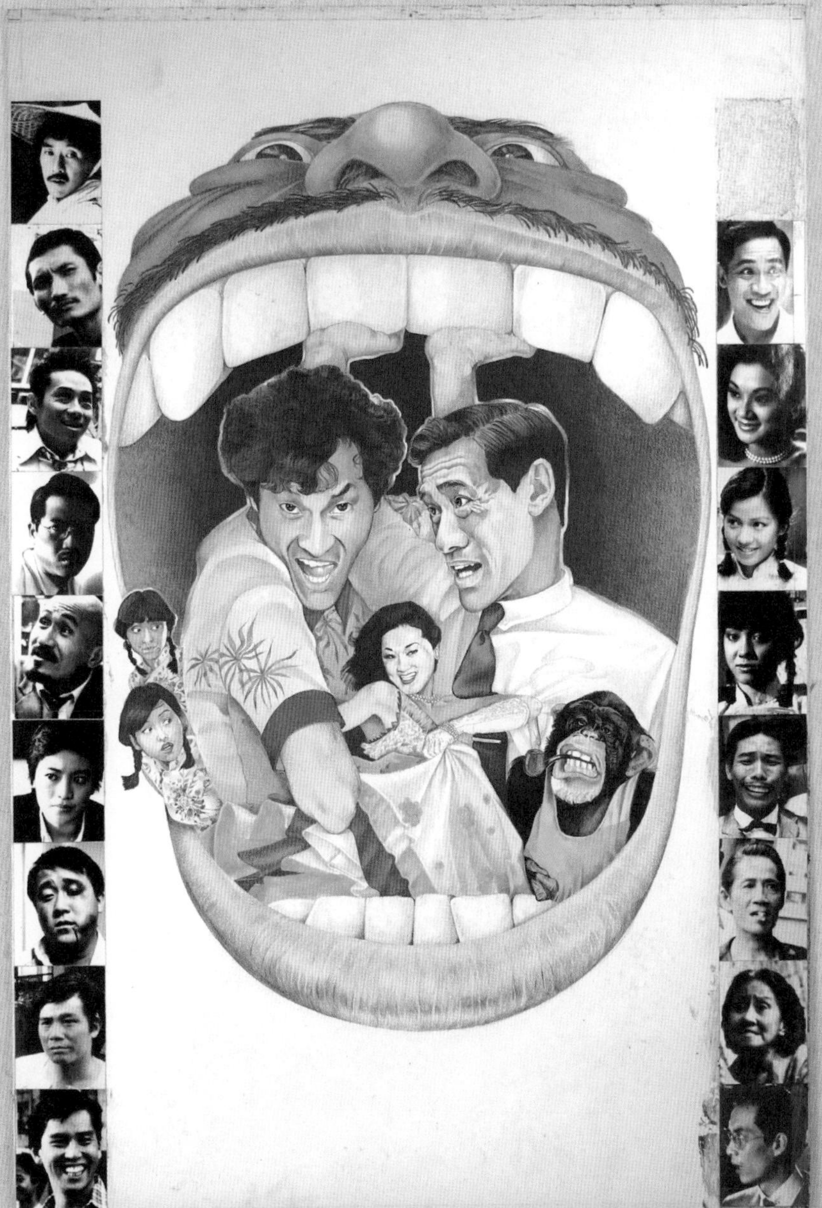

《難兄難弟》找來大批明星客串演出，兩側直接貼上照片，一望而知是大堆頭製作。主圖我落足心機畫。片中王青飾演大口青，欺壓那群小市民，我把他這個花名圖像化，張大嘴巴要把主角石天和吳耀漢吃掉，二人只能力抗；口腔背景用了顏色鉛筆鬆畫。每張海報我都希望加入新意，這一張我就在兩個人像邊緣勾了一條幼線，線條閃亮着如同彩虹的色彩變幻，效果不錯，頗富心思。

1982

——《小生怕怕》——

《小生怕怕》是一個鬼故事，我選擇了把鬼王的頭像做大，配以深色背景，主要想營造氣氛。當時新藝城聘請美國的特技化妝師來港，炮製鬼怪變臉場面，鬼王是其一，女主角的三位亡夫也是，於是放到餐桌上。當時譚詠麟仍未紅透半邊天，我沒有突出他，反而選用他到女主角家晚膳的場面。那段情節篇幅很長，我經過整合，把所有人物、場面濃縮在這個進餐的畫面上。

1982

——《人嚇人》——

這是《人嚇人》的海報草圖，可謂碩果僅存的一幅。每畫一幅海報前，我都會先畫草圖，交片商過目，通過後我才做正稿（Artwork）。當時我已累積十多年的廣告美術經驗，亦畫過很多海報，畫草圖可謂駕輕就熟，但並不草率，無論位置、人物輪廓等，都盡量準確。基本上我的草圖絕大部分一稿即過，甚少要大改。正如這張，無論內容、佈局和構圖，與完成圖相差無幾。

1982

——《最佳拍檔大顯神通》——

《最佳拍檔》破盡票房紀錄，觀眾對主角已熟悉，《最佳拍檔大顯神通》就毋須再賣大頭，於是試畫全身像。我很少畫全身人像的，我用半寫實半卡通化的筆法，衣服的摺紋、配飾都用心畫。機械人及名貴汽車列陣都是影片的賣點，故用來做背景。畫這幅海報時，金公主的老闆馮秉仲途經看到，因為第一集大賣，他很高興，便笑說：「阮大勇你畫的海報，電影一定賣座。」

1983

——《少爺威威》——

《少爺威威》是新藝城另一部群星合演的熱鬧喜劇，影片的賣點之一是在訪港的猛獸馬戲團內拍攝，其中一場戲譚詠麟更非常大膽，走進獸籠，與野豹近距離的拍攝。我把這個場面放前方，作為海報的焦點，當然片中他沒有緊抱野豹，我純粹運用想像，把場面畫得可愛一點。海報的背景，也採用了馬戲團帳篷內環境幽暗、有射燈照射的情景，帶出影片的特色。

1983

——《專撬牆腳》——

石天既是新藝城的老闆，也是早期的首席男星，所演的戲都很賣座。《專撬牆腳》是當年的暑期大片，石天自然是海報中最搶眼的一個，與台灣女星劉瑞琪和配角曾志偉構成三角關係。我把影片的賣點都放進海報，這是大堆頭之作，眾多合演明星都畫出來，影片更遠赴西班牙拍外景，有熱鬧兼搞笑的鬥牛場面，亦不能缺少。海報人物眾多，主角都畫得很細緻，畫得很有心機。

1983

——《陰陽錯》——

構思《陰陽錯》的草稿時，我大膽地把新星倪淑君的頭像畫大，幾近佔去畫面一半，而譚詠麟僅佔一角，湛藍的底色配雲霧效果，有種鬼魅氣氛。我很喜歡這個畫面構圖，也很意外獲得老闆通過，我落足心機去畫，是個人的代表作之一。付印前，公司考慮到葉童也是影片的女主角，海報上不能沒有她，最後我單獨補畫她的人像，交印刷廠拼貼，成為最後的印刷版本。

1983

——《最佳拍檔女皇密令》——

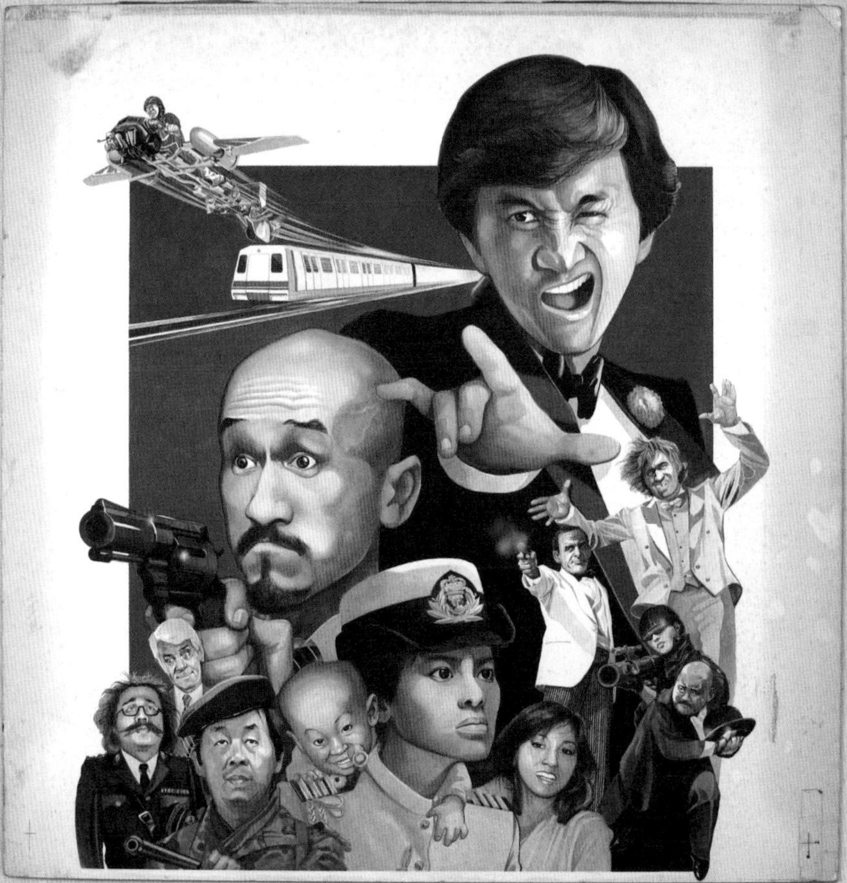

《最佳拍檔女皇密令》前往歐洲拍外景，又請來外國演員演出，屬於大堆頭的賀歲片。觀眾對「最佳拍檔」的人物都熟悉，我繼續突出他們的形象，又加入鋼牙、冒牌占士邦、許冠英、岑建勳等，務求砌出熱鬧氣氛。這張海報人物眾多，頗花功夫，難得有時間仔細繪畫。那時每逢節日檔期，工作較趕迫，但其他日子則頗輕鬆，畢竟設計繪畫我很熟，工作得相當自在。

1984

——《上天救命》——

片名是《上天救命》，海報畫面就是「上天救命」：天上雲團如一隻手，把主角曾志偉從混亂的人堆中拯救過來。我和部分藝人交情較深，畫他們的人像時，不期然多加兩分力，曾志偉是其一，他的每幅海報人像我都很用心機畫，各有特色。這張海報的用色偏向紫色色調，我希望女孩子會喜歡。海報中我沒有特別突出鍾楚紅，但她是我喜歡繪畫的人物，氣質有點像瑪麗蓮夢露。

1984

——《伊人再見》——

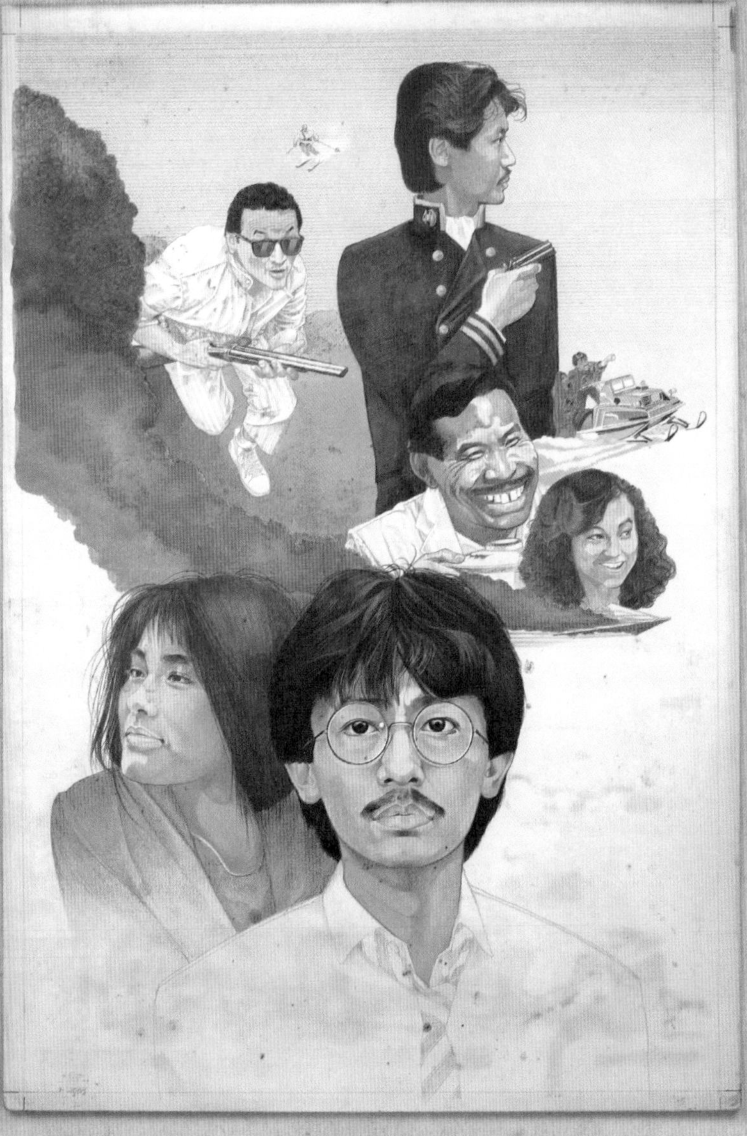

陳勳奇曾為永佳自導自演了多部電影，大多由我繪畫海報。《伊人再見》他選用了憑《陰陽錯》竄紅的倪淑君任女主角，我喜歡倪的樣貌，但這次沒有再把她畫大，海報的重點落在陳身上，雖然沒有放大頭像，卻置於中央的焦點位置，且出現了兩次。下方是他演的失聰漫畫家，上方則是戲中戲、他融入漫畫作品的人物形像。片中倪穿上紅色斗篷，尤其在雪地，很悅目，我也借用了。

1984

——《全家福》——

「全家福」泛指一家大小的合照，故《全家福》我亦用了照片為意念，背景類似一個相架，框起片中三代同堂的家庭成員。片中許冠傑是攝影師，握着甄妮的照片，我便直接用甄妮的硬照，看來幾特別；甄屬客串演出。當時石天仍然很紅，片中他飾演的精靈外公便很鬼馬，我亦選擇畫出角色生鬼的一面。這是一齣闔家歡電影，海報用色偏向橙黃調的暖色，營造溫馨的感覺。

1984

——《多情種》——

曾志偉在《多情種》飾演小人物，他是樂團中負責敲打三角鐵的樂手，看似是微不足道的位置。海報的人像採用公整的排列佈局，有點像樂團樂手的排位，當中有很多個曾志偉，玩不同的樂器，當然包括打三角鐵；同時，他對着女孩子也有不同表情。其實我主要構思如何表達他是一個很多情的人，結果連片名的字款設計也不怕說得太白，加上三個「心」。

1984

——《失婚老豆》——

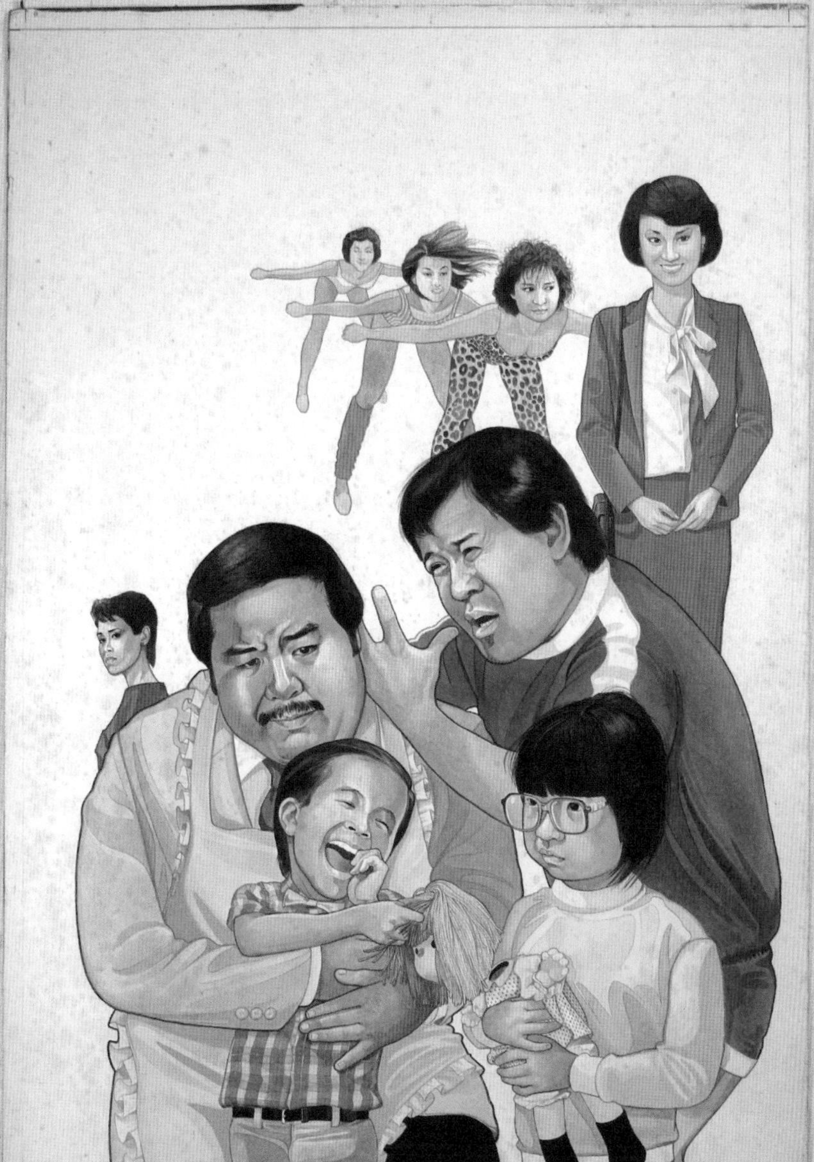

《失婚老豆》的海報，表達手法就是以圖像去講劇情，配合影片的溫情調子，採用較寫實的筆法繪畫。片中鄭則士和曾志偉均是婚姻失敗的爸爸。鄭疼惜兒子，他身穿圍裙，揭示了其住家男人的個性，身後與他背對的是離異的妻子。曾則性格暴躁，雖有一女兒，卻沒有好好愛惜，又常替鄭抱不平……，透過一張圖便帶出這組人物關係。

1984

——《聖誕快樂》——

《聖誕快樂》屬應節喜劇，故選用卡通化的誇張造型。大節前夕，海報的繪畫時間往往較趕，我仍仔細繪畫每個人物，搞笑的同時也很傳神。影片找來陳百強、徐小鳳演出，是我較少畫的人物；張國榮屬客串，放左上角，右上角是袁和平。海報焦點依然是麥嘉演的「光頭佬」，和他相識多年，很投緣，總能畫出他的惹笑模樣。海報沒有刻意加聖誕裝飾，但以青綠作主色，綴以紅色，也有節日氣氛。

1984

——《鴻運當頭》——

《鴻運當頭》的海報用了兩種手法。上方兩個頭像採用細緻的畫法，花了很多心機畫，相當用神。下方的群像則先勾出圖像的線條，再填上顏色，這是較省時間的方法，趕工時就傾向用這種手法。忘記了為何同時有兩種手法，但看來也脗合。泰迪羅賓少年時我已認識他，那時他跟費伯夷的太太學畫畫，而我則替費氏工作，不時在他家工作，故見到泰迪，難得我們在新藝城重遇。

1984

——《拖錯車》——

八十年代盛行喜劇，《拖錯車》是其中一部，海報的處理方式也和其他喜劇相近，盡量把主角畫得趣怪點、得意點。鄭則士和王青當時是熱門的諧星，我亦畫過他們很多次，但每次都嘗試畫出不同的趣味。片中他們是交通部拖車組警員，圖像以很誇張的方式畫出他們飛車、拖車的模樣。

1985

——《老友鬼鬼》——

《老友鬼鬼》由三位當時得令的喜劇演員主演，海報自然要突出他們諧趣的一面。曾志偉、王青及岑建勳的臉容特徵明顯，描畫容易；對我來說，繪畫男性總是較女性好掌握。海報人物傳神突出，畫面佈局豐富悅目，整體效果不俗。這幅海報的原稿保存得十分好，顏色鮮明如昔，即使留白的位置也沒有弄污或出現發霉的痕跡，可謂新的一樣。

1985

——《恭喜發財》——

《恭喜發財》是賀歲片，海報背景用了節日紅色，片名金光閃亮，營造過年氣氛。譚詠麟飾演天降財神，除了時裝造型，亦必須把他的財神形象放在顯眼位置，還撒下一串銀紙應節。影片屬熱鬧群戲，主要角色都畫了出來。林子祥飾演的婆媽黑幫大佬很搶鏡，我選了他身披皮草織毛衣、腳夾雪茄的姿態，很鬼馬。那皮草的毛茸茸質感，是一筆一筆慢慢的畫出來，畫得很纖細。

1985

——《歌舞昇平》——

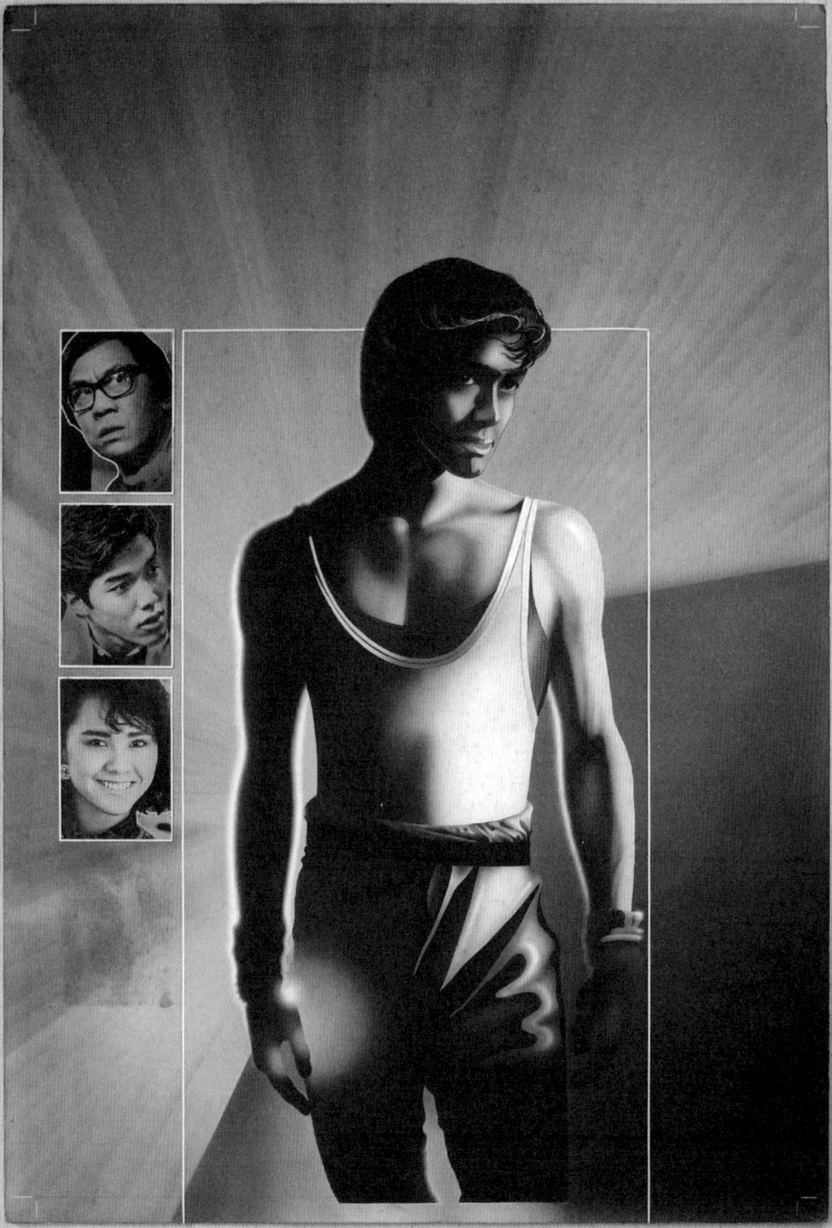

余允抗與新藝城合作的第一部電影《歌舞昇平》，屬於歌舞片，一個較少有的類型，於是，我想用另一種風格去表現這幅海報；我繪畫的海報，其中一個特點就是有多種風格。全張海報都是用噴畫來繪畫，感覺很有型格、很新潮，和我其他的海報有不同。海報人物是從美國回來的羅素，而其他人物則選用照片；這幅原稿已有少許破損，梅艷芳的照片亦已脫落。

1985

——《夏日福星》——

《夏日福星》是嘉禾公司的「福星」系列電影之一，除原班人馬，加入更多明星，屬群星電影。海報把他們都畫出來，原五福星班底畫得較顯眼外，沒有刻意把某一位畫大，主要製造熱鬧繽紛的氣氛。海報背景有艷陽天、沙灘，突出夏日色彩。筆法是先勾線再着色，營造到卡通化的效果。八十年代中，金公主要求我不可以再為嘉禾畫海報，這幅是禁制前最後畫的作品之一。（註：本圖原為 4×5 吋幻燈片，由吳貴龍先生提供）

1985

——《小狐仙》——

《小狐仙》的海報沒有突出主角，而是帶出奇幻情節，像銅鏡照出狐仙、狐仙上了女子身、術士開壇作法。海報內容豐富，我很用心機畫。背景的雲用了噴畫效果，人像身後的背景本來也可以噴，但效果不夠硬淨，後來想到用筆一「點」一「點」的點出圓點，做出特別的質感。要把背景點滿，工序很枯燥，但我想每張海報都有它的特色，只好耐心的做，而這個處理手法是較新鮮的。

1985

——《開心樂園》——

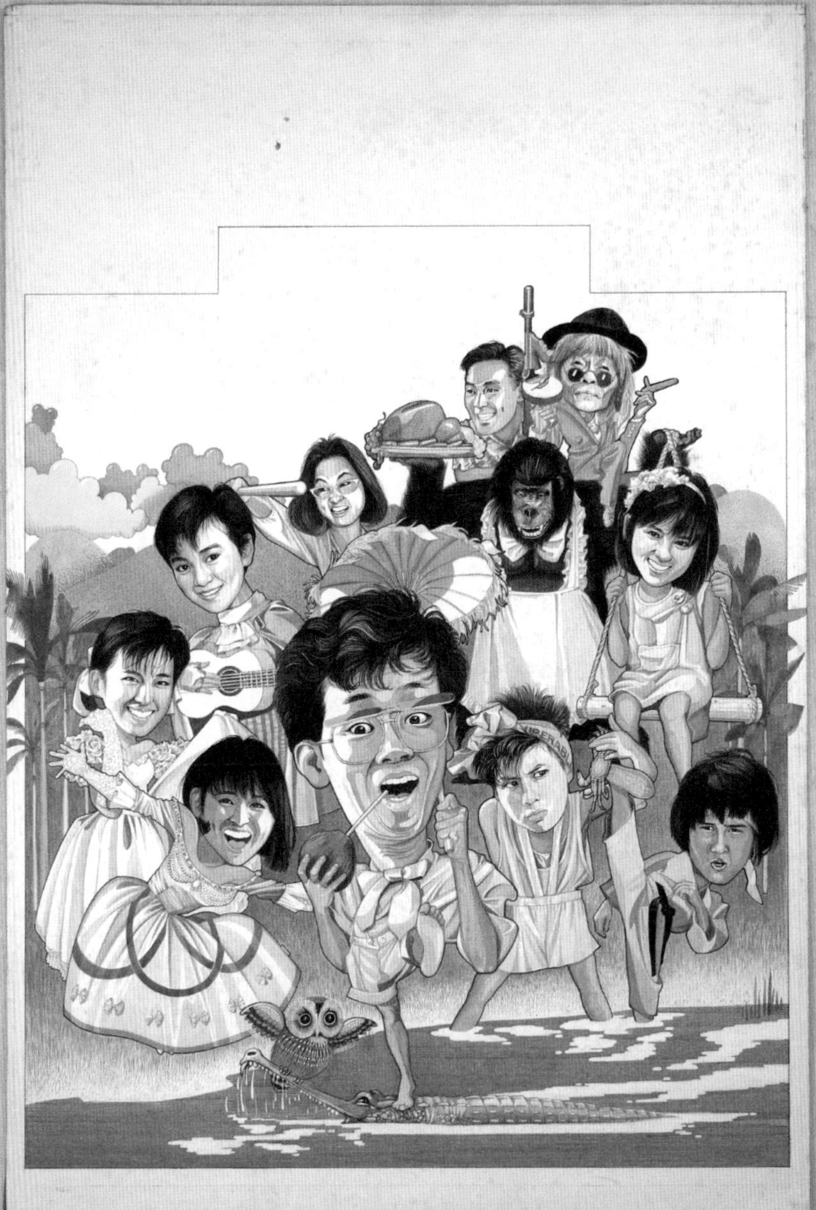

現在重看《開心樂園》的海報，我是很喜歡的。影片由黃百鳴率領一眾少女演員，加上綠葉群星合演，我就把他們在戲中的形象，一一鋪排在海報中，展現各人鬼馬的姿態。在漫畫化手法下，每一位都畫得很生鬼、活潑，亦很傳神，一看便認出是哪位演員。唯獨右下角的柏安妮，不知當時怎麼搞的，畫得很失準，顏色暗暗黑黑，樣貌和姿態都不好，實在是美中不足，真的要向柏小姐致歉。

1985

——《最佳拍檔千里救差婆》——

我交出的海報草稿，一般都會通過，要大改的可說絕無僅有，《最佳拍檔千里救差婆》卻例外。或許和導演的想法有出入，草稿反覆改了多次，這樣改下去實在不是辦法，我曾建議另聘高明，終由監製麥嘉敲定。畫這海報時，我四十四歲，很有心機、耐性畫，不僅人物的表情，其他小節位都細心的畫，像葉倩文手握的機槍，上面的紋理也一筆一筆的畫出來，如今年紀大了，已無法辦到。

1986

——《我要金龜婿》——

《我要金龜婿》的海報，我沒有把主角畫大，嘗試用另一種方式傾銷影片，主要讓觀眾知道有大堆頭明星演出。男主角身上掛着一個理髮舖的轉筒，說明他是髮型師，女主角跟着他出走私奔，女方家人當然不容許，一大群人破門而入阻止……基本上把全部戲壓縮在一張畫內。這幅海報的另一特色是，畫面有較多留白，海報邊沿加入顏色線條圍繞，希望吸引多些人觀賞。

1986

——《小生獻醜》——

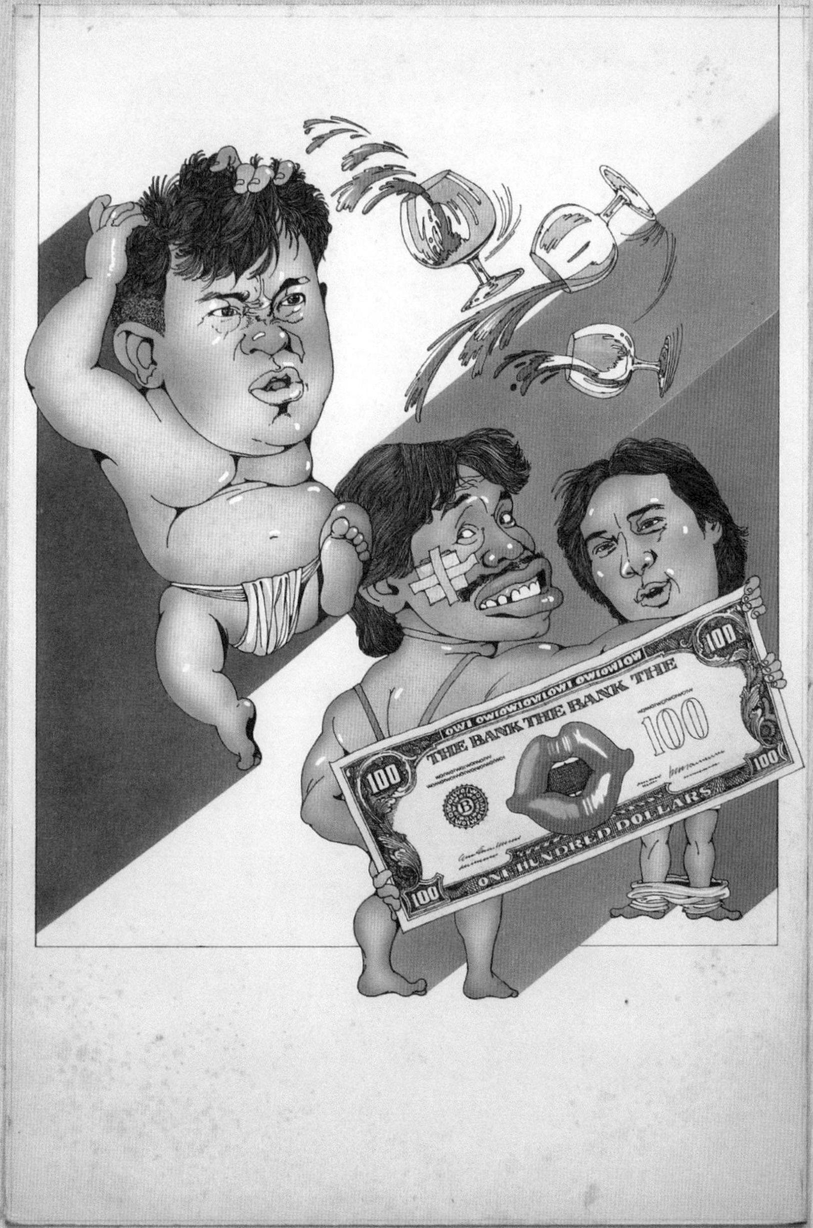

我已忘記繪畫《小生獻醜》的情景。看畫風，時間是比較趕迫的，所以採用了先勾出人物線條，後填入顏色的畫法，處理上比較省時間，但效果不一定遜色。這是一齣喜劇，海報加以配合，以誇張搞笑的手法繪畫出三個主要男角；同時加入了洋酒、銀紙等元素，帶出酒色財氣的意思，希望吸引中下階層的普羅觀眾。

1986

——《皇家飯》——

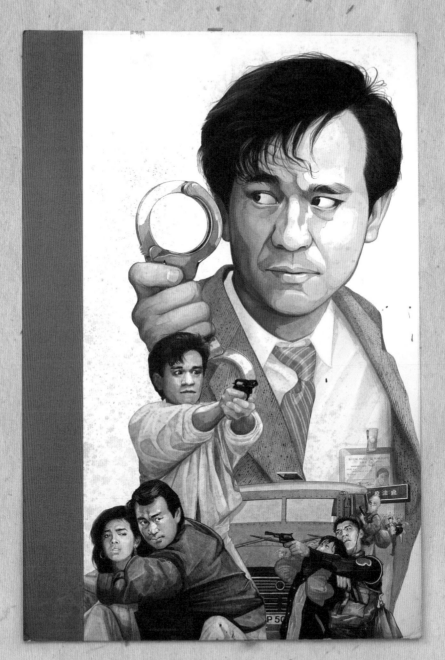

八十年代，李修賢憑《公僕》（1984）成功塑造出正義凜然的警察形象，之後推出的《皇家飯》亦是這類警匪片，海報主要突出他硬朗、正氣的執法者形象，畫風亦傾向較寫實的方式。同時我把若干場面繪畫到海報中，當中站立握槍的人，是當時的新星黃柏文，他後來參與製作很多電影，現在仍在幕前演出。他初加入時，我記得電影公司的人指他有點傅聲的影子。

1986

——《開心鬼撞鬼》——

黃百鳴演出《開心鬼》（1984）時，因為他過往的幕前形象不太討好，故海報須採用繪畫模式，但來到《開心鬼撞鬼》已是系列的第三集，可以直接放他的照片了，形式是把頭像剪貼到漫畫公仔上，帶出諧趣的效果。其實該系列第二集的海報，幾位開心少女已用照片，這一集亦有類似的安排，而男女主角則同時用上照片及漫畫化人像，顯示他們在片中的不同造型。

1986

——《飛躍羚羊》——

繪畫《飛躍羚羊》海報時，我的畫稿是橫向格式，但當時已準備同時可用於直向的海報，要做到橫直兩用，有一定難度。最終印出來的海報是直度格式。這是一齣關於賽跑運動的電影，我選用了岩石為主題，呼應運動員硬朗、堅毅不屈的體育精神。構圖是模擬美國的總統山，換上片中的主要女角，全屬創作，非片中的場面。岩石的粗糙質感，我是一「點」一「點」的點上去造成。

1986

——《英雄正傳》——

《英雄正傳》是以寫實手法拍攝的電影，所以畫風也傾向寫實。故事涉及黑社會，故用了黑色作背景，有別於喜劇片海報的色彩繽紛。海報構思以突出劇情為主，主角狄龍、黃百鳴少年時已是好友，成長後各有經歷；我便畫出他們年輕及成長後的形象作對照：昔日的不良少年，分別成了神父及滄桑中年漢。明艷照人的林青霞是女主角，自然要佔據一定畫面，我亦很細緻的繪畫。

1986

——《凶貓》——

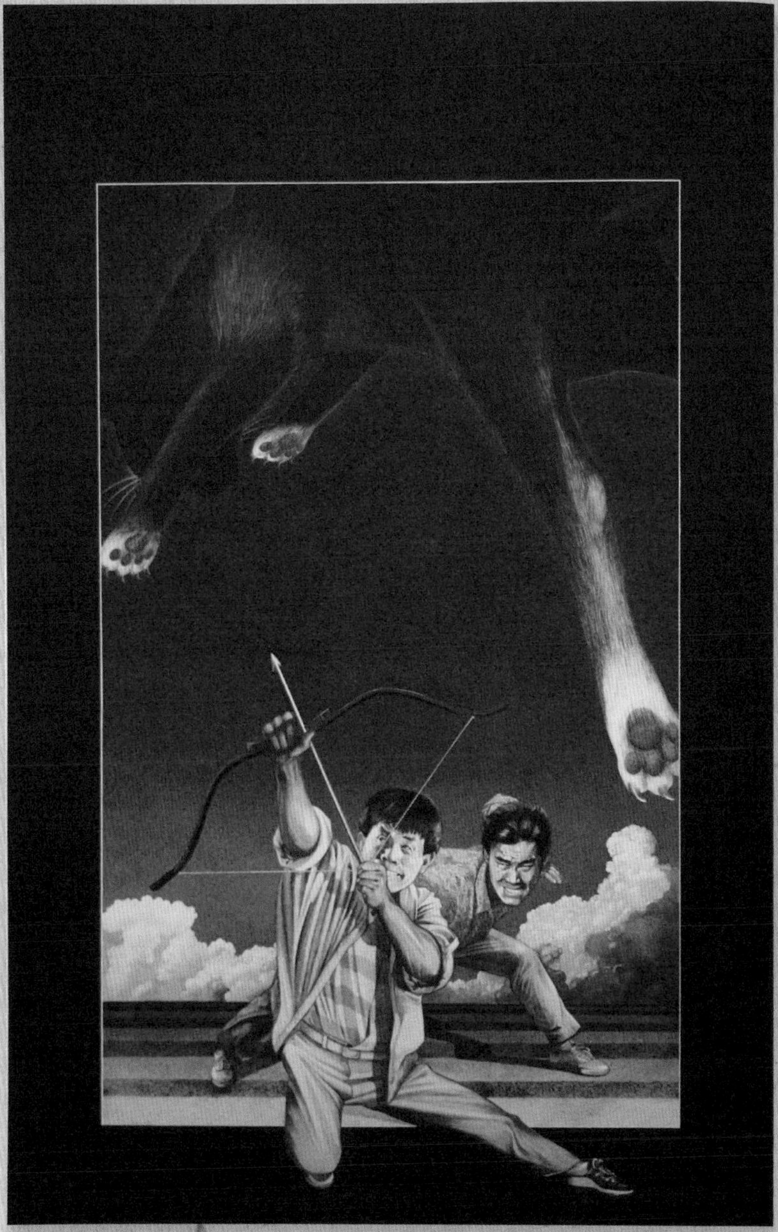

不少朋友喜歡《凶貓》的海報。我參考了劇照，結合想像，把人物重新編排，並以這個角度表現主角對抗撲過來的凶貓，整個畫面的佈局都是我構思出來的。由構圖到暗黑的色調，都帶出「凶」的神秘氣氛。影片由余允抗導演及監製，他是很有誠意的電影人，這幅海報我亦很花心機畫。後來細看，才發現劉家良手握的弓箭實在畫得太細小了，比例上不太符合真實。

1987

——《義本無言》——

《義本無言》以黑社會為背景，我參考了社團「大佬」一身西裝的「執到正」模樣，排排坐。原稿是黑白色的，我註明在哪些地方着色，交由印刷廠套色，像各人衣襟上的襟花，套了紅色，紅黑顏色對比強烈。海報以寫實的筆法處理，勾出各人物的輪廓線條，並作齊整鋪排，風格較特別。我希望每張海報的風格都有點不同，但不會刻意處理，而是依據影片內容去畫。

1987

——《心跳一百》——

《心跳一百》沒有巨星參演，當時張曼玉仍未算很紅，呂方雖然受歡迎，亦談不上電影紅星。因此海報沒有突出他們，主要傾銷片種。整張海報採用深黑色的調子，目的在營造驚慄氣氛。一片漆黑中，見神秘人揮舞斧頭的模樣，帶來驚嚇效果，前方幾個人物也是一臉慌張。至於片名則用了粉紅色，配合幾位年輕演員，帶出青春氣息。

1987

——《橫財三千萬》——

《橫財三千萬》是一張精緻、鬧趣的海報，我個人很喜歡。除了麥嘉自導自演，還有林青霞、徐小鳳等多位紅星演出，我把這群人物全部放到海報上，各人物以誇張手法表達，卻很傳神，生動可愛。由於人物眾多，同時把不少場面畫進海報中，繪畫上的確花了很多時間、心力，須仔細的繪畫。現在年紀大了，眼力不如當時，也沒有心情畫得那樣細微了。

1987

——《開心勿語》——

畫《開心勿語》時，我思考如何令海報特別點，後來記起在格蘭工作時曾做過的廣告片，人物以騎膊馬方式疊起，頗有趣，我便借用這方式把海報人物展示。這個畫面是我創作的，戲中沒有這個場面。為配合影片內容，我用了粉色為主調，每個人物都畫得很可愛，有很多動作交流；兩位主角自然最突出，曾志偉給梅艷芳撐傘、送花，反映他力追對方的情節。片名字款也費了心思去畫寫。

1987

——《赤胆情》——

《赤胆情》的海報我落足心機繪畫，一來是時間較充裕，但更重要是，我希望在寫實片的海報繪畫上闖出新路向。八十年代中後期，盛行警匪片、英雄片，已甚少用繪畫的海報了，難得遇到《赤》片，我好好把握機會。我以相當寫實的筆法繪畫每個人物，像真度高，細緻傳神。海報背景有一隻流淚的小童眼睛，這位童星原來就是今天的知名藝人張繼聰。

1988

——《小小小警察》——

《小小小警察》是曾志偉自導自演的作品，一如既往，他的電影海報我都很用心機的畫。前方他的警察造型，諧趣惹笑。影片找來很多影人客串，我把他們一一畫到海報上，多達 60 人。他們的頭像以勾線形式繪畫，當時我天天畫這類人像，在傳神方面拿捏得不錯。差不多完成時，才發現遺漏了吳耀漢，當時已沒有甚麼空間，只得安排他在左下角伸個頭出來的模樣。

1989

——《龍的傳人》——

《龍的傳人》是我較後期的佳作，不少朋友都欣賞，我也喜愛。周星馳出道以來，我畫過他幾部片的海報，配合他的「無厘頭」搞笑形象，全都以卡通化方式處理。這張亦不例外，畫出他正直、滑稽的習武小子形象，他赤腳舞龍的模樣相當有趣。海報涉及很多細節，尤其是他舞動的那條龍，無論龍頭、龍鬚、龍身的鱗片等，都花了很多心機畫，畫得很仔細。

1991

——《情聖》——

周星馳拍攝《情聖》時，已是賣座紅星，海報亦用了非常大頭的偶像式處理。這次畫出他的新潮形象，戴着扣了幾個掛章的 cap 帽，我盡用空間，掛章內畫了幾位客串影人的頭像。為了突出周是「情聖」，安排他把弄着提線木偶，幾位女角任由他操控；她們包括今天的影后毛舜筠，以及那時的艷星葉子楣，片中不免賣弄她的體形。各個人像都畫得生動有趣，也很傳神。

1991

——《唐山大兄》——

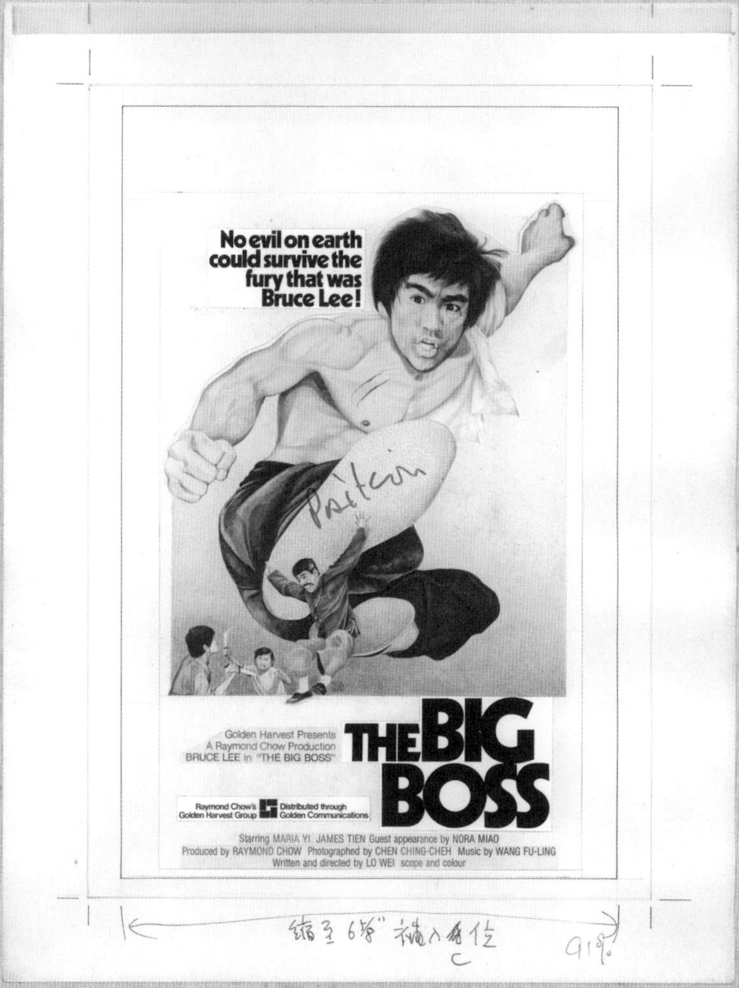

1982 年，我接下嘉禾公司英文宣傳部繪畫李小龍影片海報的工作，包括自《唐山大兄》起共四部影片。海報的草圖對方已定好，並要求人像必須直視前方。我是李的影迷，但之前甚少畫他的人像。當時我已安排好回鄉祭祖，這四張海報必須在一個月內緊接完成，我極少遇上這種情況。由於選用寫實畫風，每個小節都須要仔細的畫，所以畫得很趕。（本圖原為正稿〔Artwork〕，由伍澤棠先生提供）

1971

——《精武門》——

1982 年畫的四款李小龍海報，亦包括《精武門》。四張海報屬同一款式，採用一致的寫實風格。海報人像是赤膊上陣，我細心的畫出他勻稱的肌肉線條。有朋友說，海報雖屬寫實手法，但有着一點漫畫化的味道。我本身就不太覺得，繪畫時只一心要畫得寫實，但可能習慣成自然，現在重看，得承認這一張的人物表情是畫得比較誇張。（本圖原為正稿〔Artwork〕，由伍澤棠先生提供）

1972

——《猛龍過江》——

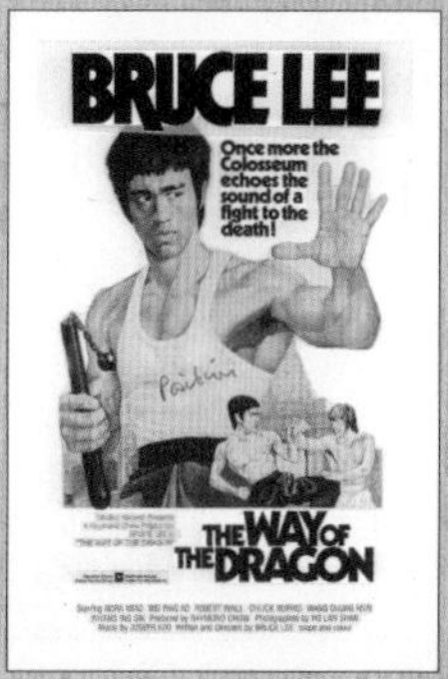

另一款 1982 年重畫的就是《猛龍過江》。海報中的李小龍握着雙節棍，一副「你勿欺負我」的姿態，很經典。近年我醉心畫李小龍的人像，深感他實在是個「甫士王」，每個姿勢都靚過人，愛畫人像的都會喜歡畫他。重看這些海報，具備了當時的優點，頗具特色，時至今日，我嘗試用另一種畫風去重畫各款李小龍海報，定會帶來另一些感覺。(本圖原為正稿〔Artwork〕，由伍澤棠先生提供)

1972

——《死亡遊戲》——

1982 年重畫的四款海報中，除了這張《死亡遊戲》，其餘三幅的原版海報均用油畫手法繪畫，而我畫的，現代感較強，可說各有特色。此片公映時，我也有去看，加入補拍的片段，只覺多此一舉，效果不佳。不過，海報中李小龍身穿黃色戰衣的形象，反而成為一個經典；那襲側有黑色條紋的黃色連身衣服，今天彷彿成了他的一個象徵。海報中他的神情、眼神也捕捉得不錯。（本圖原為正稿〔Artwork〕，由伍澤棠先生提供）

1978

——《師弟出馬》——

《師弟出馬》在香港放映時用了照片海報，而國際版海報則由我繪畫，取材與港版海報相若，主要突出功夫巨星成龍的英姿，而片中十分精彩的舞獅場面也不能缺。畫風採用寫實手法，類近「李小龍」那四款海報的手法，細緻畫出成龍的肌肉線條，以及他矯捷的身手。這部戲我也有參與服裝設計，由於成龍小腿的肌肉線條美，故為他設計了短褲，在民初電影中較少見。（本圖原為正稿〔Artwork〕，由伍澤棠先生提供）

1979

附錄

電影海報作品列表

	戲名	首映日期（年.月.日）	導演	備註
1	天才與白痴	1975.8.21	許冠文	
2	半斤八兩	1976.12.16	許冠文	阮大勇唯一自薦繪畫的海報。
3	發錢寒	1977.7.29	吳宇森	
4	面懵心精	1977.12.29	麥嘉	
5	大煞星與小妹頭	1978.2.4	吳宇森	
6	林亞珍	1978.6.29	陳家蓀	
7	肥龍過江	1978.7.13	洪金寶	
8	老虎田雞	1978.7.21	麥嘉	
9	冤家	1978.7.26	冼杞然	
10	賣身契	1978.8.3	許冠文	
11	大搶特腸	1978.9.14	李瑜	
12	追趕跑跳碰	1978.9.14	陳耀圻	
13	贊先生與找錢華	1978.12.28	洪金寶	
14	雜家小子	1979.4.12	洪金寶	
15	搏命單刀奪命槍	1979.8.9	劉家榮	
16	無名小卒	1979.8.16	麥嘉	
17	新貼錯門神	1979. 8.30	黃元申、黃百鳴	
18	踢館	1979.10.25	曾志偉	
19	豪俠	1979.11.22	吳宇森	

上世紀七十至九十年代，
阮大勇積極投入電影海報創作及繪畫，
數量繁多，他亦沒有仔細記錄，
今天單憑記憶，難以完整羅列，
現通過資料蒐集，
整理出他的主要海報作品。

	戲名	首映日期（年.月.日）	導演	備註
20	鬼馬雙星	1979.12.5 放映日本版	許冠文	一九七四年十月十七日首映，一九七九年放映的「日本版」，補入許冠英的戲分，並邀阮氏為許氏兄弟三人繪畫頭像，後組合成新海報。
21	林世榮	1979.12.19	袁和平	
22	一胆二力三功夫	1979.12.21	劉家榮	
23	無招勝有招	1979.12.30	劉觀偉	
24	師弟出馬	1980.2.9	成龍	國際版
25	瘋狂大老千	1980.2.15	麥嘉	
26	身不由己	1980.2.28	洪金寶	
27	通天老虎	1980.3.20	高寶樹	
28	賊贓	1980.6.11	曾志偉	
29	點止功夫咁簡單	1980.7.1	陳誌華	
30	鹹魚番生	1980.8.7	麥嘉	
31	甩牙老虎	1980.8.28	劉觀偉	
32	雍正與年羹堯	1980.9.4	方翔	
33	孖寶闖八關	1980.9.18	楊權	

	戲名	首映日期（年.月.日）	導演	備註
34	殺手壕	1980.10.16	成龍	
35	破戒大師	1980.11.20	劉家榮	
36	鬼打鬼	1980.12.24	洪金寶	
37	滑稽時代	1980.12.24	吳宇森	
38	摩登保鑣	1981.1.30	許冠文	國際版
39	歡樂神仙窩	1981. 2.5	午馬	
40	何方神聖	1981.3.19	曾志偉	
41	貓頭鷹	1981.4.30	姜大衛	
42	老鼠街	1981.5.15	馮克安	
43	天真有牙	1981.7.9	江龍	
44	鬼馬智多星	1981.7.23	徐克	
45	追女仔	1981.8.7	麥嘉	
46	撞板神探電子龜	1981.9.10	黃志	
47	神枱貓	1981.10.30	虞戡平	新藝城台灣分公司的製作，由阮氏繪畫香港版海報。
48	忍者飛斧神童	1981.11.19	船床定男	日本片，在香港發行公映，並由阮氏繪畫香港版海報。

	戲名	首映日期（年.月.日）	導演	備註
49	再生人	1981.12.22	翁維銓	阮氏加入金公主後繪畫的首張海報。
50	敗家仔	1981.12.22	洪金寶	
51	最佳拍檔	1982.1.16	曾志偉	
52	龍少爺	1982.1.21	成龍	
53	鯊魚燒賣	1982.2.19	胡大為、伊雷	
54	提防小手	1982.3.31	洪金寶	
55	難兄難弟	1982.7.15	麥嘉	
56	細圈仔	1982.8.25	江龍	
57	小生怕怕	1982.10.21	劉家榮	
58	神探光頭妹	1982.12.16	麥當傑	
59	佳人有約	1982.12.18	陳勳奇	
60	人嚇人	1982.12.22	午馬	
61	最佳拍檔大顯神通	1983.2.5	曾志偉	
62	星際鈍胎	1983.2.12	章國明	
63	我愛夜來香	1983.3.31	泰迪羅賓	
64	阿Q正傳	1983.3.31	岑範	內地電影，在港發行公映時，阮氏獲邀繪畫海報，配合香港市場。

	戲名	首映日期（年.月.日）	導演	備註
65	田雞過河	1983.5.12	沈月明	
66	少爺威威	1983.6.9	劉家榮	
67	奇謀妙計五福星	1983.7.7	洪金寶	
68	摩登衙門	1983.7.21	李修賢	
69	專撬牆腳	1983.8.5	石天	
70	天師撞邪	1983.8.24	袁和平	
71	空心大少爺	1983.10.12	陳勳奇	
72	波牛	1983.10.13	袁振洋	
73	搭錯車	1983.12.7	虞戡平	新藝城台灣分公司的製作，一九八二年在台公映，翌年在港放映，由阮氏繪畫香港版海報。
74	陰陽錯	1983.12.15	林嶺東	
75	A計劃	1983.12.22	成龍	
76	人嚇鬼	1984.1.12	錢月笙	
77	最佳拍檔女皇密令	1984.1.26	徐克	
78	神勇雙響炮	1984.2.22	張同祖	
79	孖襟兄弟	1984.3.29	梁家樹	

	戲名	首映日期（年.月.日）	導演	備註
80	青蛙王子	1984.4.18	王晶	
81	英倫琵琶	1984.4.19	梁普智	
82	上天救命	1984.5.5	姜大衛	
83	笑太極	1984.5. 31	袁和平	
84	公僕	1984.6.14	李修賢	
85	君子好逑	1984.6.28	林嶺東	
86	開心鬼	1984.7.14	高志森	
87	伊人再見	1984.8.4	陳勳奇	
88	全家福	1984.8.15	石天	
89	快餐車	1984.8.17	洪金寶	
90	行錯姻緣路	1984.9.6	霍耀良	
91	大小不良	1984.9.7	曾志偉	
92	靈氣逼人	1984.9.30	于仁泰	
93	多情種	1984.10.18	沈瑩	
94	失婚老豆	1984.10.27	鄭則士	
95	花心蘿蔔	1984.11.9	梁家樹	
96	聖誕快樂	1984.12.12	高志森	
97	鴻運當頭	1984.12.28	黃志強	
98	開心三響炮	1985.1.4	張同祖	

	戲名	首映日期（年.月.日）	導演	備註
99	吉人天相	1985.1.9	廖偉雄	
100	拖錯車	1985.1.24	李修賢	
101	老友鬼鬼	1985.1.31	陳全	
102	恭喜發財	1985.2.13	石天	
103	情逢敵手	1985.4.3	袁和平	
104	歌舞昇平	1985.5.4	余允抗	
105	妙探孖寶	1985.5.31	唐偉成	
106	龍鳳智多星	1985.6.6	黎應就	
107	祝您好運	1985.6.19	袁祥仁	
108	威龍猛探	1985.7.11	占士・格力高	國際版
109	開心鬼放暑假	1985.7.18	高志森	
110	夏日福星	1985.8.15	洪金寶	
111	小狐仙	1985.8.26	陳勳奇	
112	龍的心	1985.10.16	洪金寶	
113	流氓公僕	1985.11.14	王鍾	
114	開心樂園	1985.12.21	麥當傑	
115	代客泊車	1986.1.10	麥靈芝	
116	最佳拍檔千里救差婆	1986.1.30	林嶺東	
117	我要金龜婿	1986.2.27	陳勳奇	
118	冒牌大賊	1986.3.13	黎應就	

	戲名	首映日期（年.月.日）	導演	備註
119	烏龍大家庭	1986.3.26	石天	
120	鬼咁有緣	1986.4.9	梁東尼	
121	甜蜜十六歲	1986.5.3	蕭偉強	
122	小生獻醜	1986.6.4	曾志偉、午馬	
123	皇家飯	1986.6.11	李修賢	
124	開心鬼撞鬼	1986.7.3	杜琪峯	
125	最佳福星	1986.7.3	曾志偉	
126	惡男	1986.7.24	陳勳奇	
127	飛躍羚羊	1986.10.10	鄭則士等	
128	流氓英雄	1986.12.4	王龍威	
129	英雄正傳	1986.12.18	黃志強	
130	凶貓	1987.1.1	余允抗	
131	殭屍少爺	1987.1.15	劉泳基	
132	衛斯理傳奇	1987.1.22	泰迪羅賓	
133	義本無言	1987.3.26	陳會毅	
134	天賜良緣	1987.4.16	黎應就	
135	心跳一百	1987.5.28	鄭則士、盧堅	
136	天官賜福	1987.6.11	陸劍明	
137	橫財三千萬	1987.7.2	麥嘉	

	戲名	首映日期（年.月.日）	導演	備註
138	開心勿語	1987.8.13	曾志偉	
139	呷醋大丈夫	1987.10.22	黃百鳴	
140	魔高一丈	1987.12.10	黃鷹	
141	奸人本色	1988.1.1	潘文傑	
142	赤胆情	1988.1.21	陳會毅	
143	繼續跳舞	1988.5.7	梁普智、甘國亮	
144	雙肥臨門	1988.5.19	姜大衛	
145	雞同鴨講	1988.7.14	高志森	
146	褲甲天下	1988.9.10	陸劍明	
147	烏龍賊替身	1988.10.6	徐小明	
148	新最佳拍檔	1989.1.28	劉家良	
149	孔雀王子	1989.2.23	藍乃才	
150	八寶奇兵	1989.2.23	霍耀良	
151	福星闖江湖	1989.4.28	馮淬帆	
152	發達秘笈	1989.7.19	高志森	
153	開心巨無霸	1989.8.1	陳欣健	
154	小小小警察	1989.9.21	曾志偉	
155	三狼奇案	1989.11.2	黃泰來	
156	阿修羅	1990.2.9	藍乃才、劉仕裕	

	戲名	首映日期（年.月.日）	導演	備註
157	豬標一族	1990.3.1	黃華麒	
158	一本漫畫走天涯	1990.3.22	梁家仁	
159	新半斤八兩	1990.8.24	陳欣健	
160	龍的傳人	1991.3.7	李修賢	
161	新精武門 1991	1991.3.23	左頌昇	
162	捉鬼專門店	1991.7.6	黎應就	
163	情聖	1991.10.10	李力持	
164	漫畫威龍	1992.1.1	左頌昇	
165	五福星撞鬼	1992.3.27	洪金寶、元奎、曾志偉、劉觀偉	
166	阿二一族	1992.10.8	曹建南	
167	偷神家族	1992.11.6	魯俊谷	
168	鬼打鬼之黃金道士	1992.11.13	陳會毅	
169	籠民	1992.11.19	張之亮	
170	笑俠楚留香	1993.3.11	王晶、楊偉業	
171	城市女獵人	1993.9.16	江約誠	
172	冷面虎京都之旅	1973.2.2	羅維	一九七三年首映時已有海報，其後再由阮氏重繪。

	戲名	首映日期（年.月.日）	導演	備註
173	千人斬	攝於 1991	丁善璽	
174	唐山大兄	1971.10.31	羅維	一九八二年阮氏獲邀繪畫國際版海報。
175	精武門	1972.3.22	羅維	
176	猛龍過江	1972.12.30	李小龍	
177	死亡遊戲	1978.3.23	羅拔・高洛斯	
178	臥底巨星	2018.1.18	谷德昭	

設計以照片拼合的海報

	戲名	首映日期（年.月.日）	導演	備註
1	龍虎風雲	1987.2.13	林嶺東	阮氏設計其中一款。
2	奪命佳人	1987.8.27	孫仲	
3	長短腳之戀	1988.7.7	王鍾	
4	義胆群英	1989.9.14	吳宇森、午馬	

一代畫師 阮大勇

阮大勇 口述
黃夏柏 筆錄

責任編輯　梁卓倫
裝幀設計　霍明志
排　　版　沈崇熙
印　　務　劉漢舉

出版　非凡出版
香港北角英皇道 499 號北角工業大廈 1 樓 B
電話：(852) 2137 2338　傳真：(852) 2713 8202
電子郵件：Info@chunghwabook.com.hk
網址：http://www.chunghwabook.com.hk

發行　香港聯合書刊物流有限公司
香港新界大埔汀麗路 36 號
中華商務印刷大廈 3 字樓
電話：(852) 2150 2100　傳真：(852) 2407 3062
電子郵件：info@suplogistics.com.hk

印刷　中華商務彩色印刷有限公司
香港大埔汀麗路 36 號中華商務印刷大廈

版次　2018 年 7 月初版

規格　特 16 開 (240mm x 170mm)

ISBN　978-988-8513-42-0

特別鳴謝：許思維、黃耀強、盧子英
圖片鳴謝：伍澤棠、吳貴龍